European School of Business

Aleksandar Raketic

Der russische Markt

Eine Chancen- und Risikoanalyse für deutsche Unternehmen

Schriftenreihe des ESB Research Institute

Herausgegeben von Prof. Dr. Jörn Altmann

Band 30

SCHRIFTENREIHE DES ESB RESEARCH INSTITUTE

Herausgegeben von Prof. Dr. Jörn Altmann

ISSN 1614-7618

25 *Cora Leonie Mezger*
Humankapital – der Schlüssel für wirtschaftliches Wachstum?
ISBN 3-89821-405-2

26 *Sandrine Lamarche*
Verkauf von Unternehmensbereichen und Unternehmensbeteiligungen
ISBN 3-89821-404-4

27 *Thorsten Gröne, Marcel Beyer, Julian Clemenz, Angela Eberhardt, Markus Ostermaier*
Effizientes Kompetenzmanagement in Unternehmen
Ergebnisse einer Studie des Institutes für Europäische Wirtschaftsstudien IEWS Reutlingen
ISBN 3-89821-400-1

28 *Cornelia Rösemann*
Die Business School der Zukunft in Deutschland
Visionen zu Aufgaben und Organisationsstrukturen aus Sicht der Unternehmen
ISBN 3-89821-425-7

29 *Katharina Antonie Grupp*
Pensionsverpflichtungen nach HGB, US-GAAP und IFRS
ISBN 3-89821-459-1

30 *Aleksandar Raketic*
Der russische Markt
Eine Chancen- und Risikoanalyse für deutsche Unternehmen
ISBN 3-89821-491-5

Aleksandar Raketic

DER RUSSISCHE MARKT

Eine Chancen- und Risikoanalyse
für deutsche Unternehmen

Schriftenreihe des ESB Research Institute
Herausgegeben von Prof. Dr. Jörn Altmann

Band 30

ibidem-Verlag
Stuttgart

Bibliografische Information Der Deutschen Bibliothek

Die Deutsche Bibliothek verzeichnet diese Publikation in der Deutschen Nationalbibliografie; detaillierte bibliografische Daten sind im Internet über <http://dnb.ddb.de> abrufbar.

∞

Gedruckt auf alterungsbeständigem, säurefreien Papier
Printed on acid-free paper

ISSN: 1614-7618

ISBN: 3-89821-491-5

Printed in Germany

Executive Summary

Die vorliegende Studie erlaubt es dem Leser, sich ein ausführliches Bild über die gegenwärtige wirtschaftliche Lage in der Russischen Föderation zu machen, wobei zur Abrundung der Gesamtdarstellung die Entwicklung früherer Jahre als auch zukünftige Tendenzen in die Studie mit eingeflossen sind.
Es werden die wichtigsten Reformen in der Russischen Föderation aufgezeigt vor allem im Hinblick auf deren Auswirkung auf ein Engagement deutscher Unternehmen. Dabei konzentriert sich die Studie insbesondere auf sensitive Bereiche des Reformwerks und vermittelt auf detaillierte Weise diejenigen Punkte, die deutsche Unternehmen verstärkt in ihre Überlegungen einbeziehen müssen.
Durch die Aktualität der ausgewählten Daten wird der praktische Wert der Studie gesteigert, so dass sie durchaus als eine Art Leitfaden zur Inangriffnahme des russischen Marktes dienen kann.
Die folgende Studie sensibilisiert den Leser, indem sie relevante Spezifika des russischen Marktes nennt, analysiert und Empfehlungen gibt, welches Vorgehen und Verhalten besonders geeignet erscheint, um alle Schwierigkeiten erfolgreich meistern zu können.
Die Risiko- und Chancenanalyse greift die Details aus den ihr vorausgehenden Ausführungen z.T. auf und erweitert diese, indem sie einen detaillierten Überblick über Hindernisse und Anreize gibt und kritisch untersucht. Dadurch wird der Blick des Lesers weiter geschärft.
Die Studie bietet einen ersten Überblick, der teilweise auch ins Detail geht. Darauf aufbauend kann sich der interessierte Leser recht schnell weitere Informationen zum russischen Markt bzw. zu den relevanten und für ihn wichtigen Marktsegmenten beschaffen und tiefer in die Materie einsteigen.

Inhaltsverzeichnis

Abkürzungsverzeichnis

AG	Aktiengesellschaft
AGB	Allgemeine Geschäftsbedingungen
BIP	Bruttoinlandsprodukt
Bofit	Bank of Finland
CISG	Convention on Contracts for the International Sale of Goods
CPI	Corruptions Perception Index
CRM	Customer Relationship Management
DBA	Doppelbesteuerungsabkommen
EBRD	European Bank for Reconstruction and Development
EIB	Europäische Investitionsbank
EU	European Union / Europäische Union
EWR	Europäischer Wirtschaftsraum
EZB	Europäische Zentralbank
FDI	Foreign Direct Investment
f.o.b.	free on board
Goskomstat	Staatliches Statistikamt der Russischen Föderation
GOST	Gosudarstvenny Standard, Staatliche Zertifizierungs-stelle in der Russischen Föderation
GUS	Gemeinschaft Unabhängiger Staaten
HGB	Handelsgesetzbuch
IAS	International Accounting Standards
IFC	International Finance Corporation
IT	Information Technology
KfW	Kreditanstalt für Wiederaufbau
KMB-Bank	Bank kreditowanija malogo bisnesa
KMU	Kleine und mittelständischen Unternehmen
OECD	Organization for Economic Cooperation and Development
RF	Russische Föderation
Sberbank	Sberegatelny Bank

UN	United Nations
Wneshtorgbank	Wneshnetorgovy Bank (Außenhandelsbank)
WTO	World Trade Organization

1. Einleitung

„Russland lässt sich mit dem Verstand nicht begreifen, man kann nur daran glauben“ – so schrieb einst der russische Poet Tjutschew.[1] Bemerkenswert an dieser Aussage ist, dass sie auch Jahrhunderte später immer noch Gültigkeit besitzt.
Auch heute, im Dezember 2004, sechs Jahre nach der schweren Finanzkrise aus dem Jahr 1998, präsentiert sich Russland und der russische Markt widersprüchlich und geheimnisvoll wie eh und je. Vieles hat sich seit diesem besagten Datum geändert, es wurde eine noch nie da gewesene Reformwelle ausgelöst, dennoch verschließt sich Russland häufig dem Betrachter von außen, mitunter sogar Russen, so dass die oben zitierten Worte auch heute noch zutreffend sind.

Ziel der vorliegenden Studie wird es sein, die wichtigsten Änderungen aufzuzeigen, welche in der Russischen Föderation seit 1998 eingesetzt haben und für ein Engagement in der Russischen Föderation besonders relevant sind. Dabei wird es in erster Linie darum gehen, den russischen Markt etwas näher zu untersuchen und sowohl Chancen als auch Risiken darzustellen, mit denen sich deutsche Unternehmen in der Praxis konfrontiert sehen.

Russland stellt einen Markt mit einem außergewöhnlich hohen Potential für deutsche Exporteure bzw. für Unternehmen dar, die nicht nur Warenhandel betreiben, sondern auch ein langfristiges Engagement in der Russischen Föderation anstreben. Dies lässt sich nicht zuletzt daran erkennen, dass die Tagespresse voll von Berichten über Russland ist, und, was hier am wenigsten überrascht, wenn man sich die oben zitierten Worte nochmals in Erinnerung ruft, vieles davon, was heute geschrieben wird, erweist sich oft als ambivalent, für viele deutsche Unternehmen gar als verwirrend und widersprüchlich. Von einem auf den anderen Tag überstürzen sich die Ereignisse, was heute noch als positiv dargestellt wird, wird manchmal am nächsten Tag revidiert und als negativ empfunden. Gerade diese Tatsache zeugt von der immer

[1] Fjodor Tjutschew, russischer Poet. 1803 – 1873.

noch vorhandenen Unsicherheit in Bezug auf Russland. Aus diesem Grunde mag es auch nicht verwundern, dass viele deutsche Unternehmen, was den russischen Markt betrifft, immer noch sehr vorsichtig und zaghaft ans Werk gehen.
Dennoch kann es sich in der allgegenwärtigen Situation in der Bundesrepublik Deutschland kaum ein Unternehmen leisten, den russischen Markt außer Acht zu lassen, trotz seiner Unberechenbarkeit und nicht immer vorhandenen Transparenz. Vor diesem Hintergrund wird die Zahl der in Russland tätigen Unternehmen in Zukunft noch stärker steigen.
Die Wachstums- und Konjunkturprognosen für den deutschen Binnenmarkt fallen immer bescheidener aus, was viele Unternehmen auf den Plan ruft, Auslandsmärkte in Angriff zu nehmen, die bessere Wachstumsprognosen aufweisen und auf denen sich höhere Umsätze erzielen lassen bzw. die eigene Position in Zeiten der Globalisierung auszubauen und ein „Global Player" zu werden. Durch eine verstärkte Aktivität auf ausländischen Märkten lässt sich auch eine Streuung des Risikos erreichen, etwa für den Fall eines Konjunktureinbruchs auf dem Binnenmarkt.
Russland ist bzw. kann einen sehr interessanten Markt darstellen, allerdings ist es zwingend erforderlich, eine klare Strategie für das Engagement in der Russischen Föderation auszuarbeiten, die es anschließend in die Praxis umzusetzen gilt.
Interessant ist hier auch die Tatsache, dass durch die EU-Osterweiterung, eine gemeinsame Grenze mit Russland existiert, so dass dies für den weiteren Ausbau des bilateralen Handels von nicht zu unterschätzender Bedeutung sein kann.

In einer ersten Etappe sollen die makroökonomischen Rahmenbedingungen und -daten der Russischen Föderation aufgezeigt werden, auch durchaus unter Berücksichtigung des zeitlichen Faktors, um etwa den Fortschritt der eingeleiteten Reformen deutlich zu machen und um zu zeigen, was der russische Markt überhaupt darstellt bzw. wo es Chancen gibt.
Als nächstes wird es darum gehen, die Risiken zu nennen, die es auf dem russischen Markt nach wie vor gibt und die ein erfolgreiches Engagement oft gefährden können.

Daran anschließend sollen die zahlreichen Chancen insgesamt aber auch detailliert, auf bestimmte Branchen bezogen, dargestellt werden.
Wo dies möglich war, flossen eigene, in der Praxis gesammelte Erfahrungen und Beispiele mit ein, welche die Argumentation realitätsnah und noch anschaulicher wirken lassen.
Ich beziehe mich hierbei vor allem auf die Nahrungsmittelindustrie, also auf deutsche Unternehmen, welche Anlagen und Ausrüstung der Nahrungsmittelbranche (vor allem für die Fleischindustrie) in die Russische Föderation liefern.
Als letzter Punkt folgt ein kurzer Ausblick auf die weitere Entwicklung in der Russischen Föderation.
Zur Veranschaulichung werden begleitend hierzu Graphiken und Tabellen an der jeweiligen Stelle eingefügt.

In der vorliegenden Studie wurde versucht, stets aktuelles Zahlenmaterial aus dem Jahre 2004 zu liefern, welches der Tagespresse und Quellen im Internet entnommen ist. Allerdings war dies nicht immer möglich, so dass auch Zahlen aus früheren Jahren herangezogen wurden.

2. Wirtschaftlich-rechtliche Situation und Reformen in der Russischen Föderation

Im Folgenden soll die wirtschaftliche und rechtliche Situation in der Russischen Föderation näher betrachtet werden. Dabei werden auch die Reformen berücksichtigt, die zum gegenwärtigen Zeitpunkt in Russland durchgeführt werden und deren Kenntnis das Herzstück jedes potentiellen Engagements in der Russischen Föderation darstellt.

2.1. Makroökonomische Rahmenbedingungen und –daten:

Die makroökonomischen Daten sind das Hauptaugenmerk der folgenden Darstellung. Dabei wird insbesondere auf die gegenwärtige Wirtschaftslage und die Wettbewerbsfähigkeit Russlands eingegangen.

(1) Die gegenwärtige Wirtschaftslage in der Russischen Föderation

Die russische Wirtschaft scheint sich auf den ersten Blick recht schnell von der schweren Krise des Bankensektors und der dramatischen Rubelentwertung 1998, die eine Verarmung breiter Massen von Menschen zur Folge hatte, erholt zu haben. Dies zeigen alle relevanten makroökonomischen Kennzahlen.

Die russische Regierung präsentiert dies mit Stolz als Erfolg der Reformpolitik, was zu einem bestimmten Grad sicherlich zutreffend sein dürfte.

Immerhin wurden weit reichende, für russische Verhältnisse gar revolutionäre Reformen, wie beispielsweise die Bodenreform aus dem Jahr 2002, eingeleitet und zum Teil bereits in die Praxis umgesetzt.

Allerdings darf man nicht vergessen, dass die hohen Weltmarktpreise für Rohöl, Erdgas und andere Rohstoffe wie Stahl oder Aluminium, welche die Haupteinnahmequelle des russischen Exports darstellen, das Wachstum in der Russischen Föderation zu einem großen Teil (56,8 Prozent aller Exporte entfallen auf Brennstoffe und mineralische Rohstoffe) mitgetragen haben.[2]

[2] Vgl. www.finansy.ru – „Die Bewertung der russischen Zahlungsbilanz für die ersten 9 Monate 2004".

Ökonomen betonen daher immer wieder, dass eine derartig rasche Erholung von den Konsequenzen der Krise 1998 bzw. ein derartiges Wachstum etwa des Bruttoinlandsprodukts (BIP) ohne die für die Russische Föderation extrem günstige Konstellation auf den Weltmärkten nie möglich gewesen wäre.[3] Aufgrund steigender Preise für Erdöl und Erdgas, die in diesem Jahr (2004) neue Rekordhöhen erreicht haben, steigt auch das Handelsbilanzsaldo der Russischen Föderation stetig. Im Jahr 2003 betrug es ca. 60.49 Mrd. US-$. Im ersten Halbjahr 2004 verzeichnet Russland einen Überschuss von ca. 34,7 Mrd. US-$ (eine Steigerung um 20,1 Prozent zum gleichen Zeitraum im Jahre 2003). Im dritten Quartal diesen Jahres betrug das positive Saldo ca. 62.56 Mrd. US-$ und dürfte bis zum Jahresende noch weiter steigen.

Über die Problematik der mangelnden Diversifizierung der russischen Exportwirtschaft, die fast ausschließlich auf den Rohstoffsektor konzentriert ist, wird an anderer Stelle noch zu sprechen sein. Es sei allerdings jetzt schon angemerkt, dass seit vier Jahren auch der private Konsum verstärkt zum Wachstum beiträgt und somit die „rohstofflastige" Exportstruktur relativiert wird. Immerhin geben russische Familien knapp 90 Prozent ihrer verfügbaren Einkommen für Waren und Dienstleistungen aus. Dies wird noch untermauert durch die steigenden Löhne und Einkommen (Realeinkommen der Bevölkerung 2003 um 13,5 Prozent gestiegen), die zusätzliche Kaufkraft, trotz relativ hoher Inflation, generieren und somit einerseits den Privatkonsum, andererseits aber auch die Investitionstätigkeit anregen.
Experten gehen sogar davon aus, dass der Privatkonsum mittlerweile zur Hälfte zum Bruttoinlandsprodukt (BIP) beiträgt. In der ersten Jahreshälfte 2004 ist der Konsum im Vergleich zum Vorjahreszeitraum um 12 Prozent gestiegen.[4]

---

[3] Vgl. Verband der Deutschen Wirtschaft in der Russischen Föderation, Jahresbericht 2003, S. 7.
[4] Bofit Russia Review - 11/04 vom 19.11.2004, Seite 1.

Im Folgenden sind die wichtigsten Kennzahlen für den Zeitraum 2000 - 2004 dargestellt:

Abb. 1. Die wichtigsten makroökonomischen Kennzahlen der Russischen Föderation 2000 – 2004

Eigene Darstellung in Anlehnung an destatis, bofit, Staatliches Statistikamt der Russ. Föderation (RF) - Goskomstat, Handelsblatt.

Zahlenspiegel (in Mrd. US-Dollar)	**2000**	**2001**	**2002**	**2003**	**2004 P**
Reales BIP - Veränderung in %	**10,0**	**5,1**	**4,7**	**7,3**	**6,8***
BIP pro Kopf (US-Dollar)	**1785**	**2140**	**2410**	**3046**	**3862**
Industrieproduktion (in %)	**11,9**	**4,9**	**3,7**	**7,0**	**6,9**
Arbeitslosenquote (in %)	**9,9**	**8,7**	**9,0**	**8,7**	**7,4**
Inflationsrate (in %)	**20,2**	**18,6**	**15,1**	**12,0**	**11,6***
Exporte f.o.b.	**105,0**	**101,9**	**107,3**	**135,9**	**168,0**
Importe f.o.b.	**44,9**	**53,8**	**61,0**	**75,4**	**66,5**
Auslandsverschuldung					
Bruttobestand	**143,4**	**133,1**	**123,5**	**119,7**	**117,9**
in % des BIP	**55,3**	**44,4**	**36,2**	**25,7**	**25,2**
Währungsreserven incl. Gold	**28,0**	**36,6**	**47,8**	**76,9**	**100,1**

P: Die Daten für das Jahr 2004 sind vorläufig und umfassen die ersten zehn Monate.

* Das Wachstum der russischen Wirtschaft wurde von Wirtschaftsressortchef German Gref jüngst nach unten korrigiert

Wie die ausgewählten Indikatoren belegen, ist die Situation in Russland momentan recht gut (vor allem, wenn man die Daten mit denen der europäischen Industrieländer vergleicht), obwohl beispielsweise die Wachstumszahlen für das gegenwärtige Jahr nach unten korrigiert werden mussten (von 7,3 auf 6,8 Prozent).

Dies scheint in erster Linie mit verschärften staatlichen Interventionen, wie im Fall Yukos, in Verbindung zu stehen. Außerdem wird beklagt, dass es zurzeit „in Russland einen Reformstau gäbe".[5]
Im letzten Quartal dieses Jahres kam es zwar zu einem leichten Preisverfall für Rohöl, was sich allerdings insgesamt nicht wesentlich auf die gute Ausgangslage in Russland ausgewirkt hat.

Die steigenden Währungsreserven, die noch nie erreichte Höhen erklommen haben, hängen ganz eindeutig mit dem Export von Rohöl und dem ständigen Zufluss von Petrodollars zusammen.
Russland hat bereits Länder wie die USA oder Deutschland überholt und liegt bezüglich seiner Währungsreserven nach Japan, China, Taiwan, Südkorea, Hongkong, Indien und Singapur bereits auf dem achten Platz.[6]
Hohe Währungsreserven sind vertrauensbildend und machen Russland für Investitionen attraktiv. Das Risiko einer Zahlungsunfähigkeit des Staates wird somit immer unwahrscheinlicher.
Nachdem die Kreditwürdigkeit Russlands bereits im Oktober 2003 durch die Agentur Moody's gleich um zwei Stufen auf Baa3[7] angehoben wurde, hat im November dieses Jahres auch „Fitch" Russland das „Investment Grade" erteilt („BBB-"). Das höhere Rating hängt zweifelsohne mit der Aufstockung der Devisenreserven zusammen.

Zu erwähnen ist an dieser Stelle auch der FDI Confidence Index von A.T.Kearney, wonach Russland im Jahr 2003 bereits auf dem 8. Platz unter den attraktivsten Ländern für Auslandsinvestitionen rangierte (zum Vergleich: Deutschland lag auf dem 6. Platz). Russland hat einen Riesensprung gemacht, zuvor belegte es lediglich den 17. Platz. Für dieses Jahr sieht der FDI Confidence Index wieder etwas schlechter aus. Russland belegt lediglich Rang 11, was mit den verstärkten Staatsinterventionen gegen Yukos und andere Unternehmen in Zusammenhang stehen könnte.[8]

---

[5] *Handelsblatt* – Artikel: „Streit im Kreml über den Reformkurs" vom 03.11.2004.
[6] Vgl. www.finansy.ru - „Gold- und Währungsreserven: Rekorde durch Ausweglosigkeit".
[7] Vgl. *Verband der Deutschen Wirtschaft in der Russischen Föderation*, Jahresbericht 2003, S. 8.
[8] Vgl. *A.T. Kearney* unter http://www.atkearney.com/main.taf?p=1,5,1,151, London 12.10.2004.

(2) Wettbewerbsfähigkeit der russischen Wirtschaft

Nach der schweren Wirtschafts- und Finanzkrise von 1998, die eine starke Rubelabwertung von 75 Prozent[9] zur Folge hatte, kam es zu einer Importsubstitution für ausländische Produkte, insbesondere im Bereich der Konsumgüterindustrie. Der Import ausländischer Ware ging dementsprechend drastisch zurück.
Von der Verteuerung ausländischer Güter hat insbesondere die einheimische Produktion stark profitiert. Die Qualität einheimischer Produkte wurde deutlich verbessert.

Die Krise hatte also auch ihre positiven Effekte, wenn man das so sagen kann. Die Wettbewerbsfähigkeit gewisser einheimischer Branchen wurde deutlich gesteigert. Ein gutes Beispiel hierfür bietet die heimische Nahrungsmittelindustrie, die nach der großen Krise viele Marktanteile gewinnen konnte und sich nun als ernstzunehmende Konkurrenz für ausländische Hersteller fest etabliert hat.

Seit 2003 ist ein deutlicher Aufwertungstrend des Rubels zu verzeichnen, was russische Exporte, falls der Trend andauert, verteuern wird und somit die Wettbewerbsfähigkeit russischer Exporteure beeinträchtigen könnte.

Des Weiteren bestehen in Russland Befürchtungen und Anzeichen der so genannten *„Dutch Disease“*. Damit ist Einseitigkeit des russischen Exports gemeint, welcher hauptsächlich auf den Rohstoffsektor entfällt. Dies macht die russische Wirtschaft extrem abhängig von den Weltmarktpreisen für Öl und Gas. Es kommt zu Überbewertungen des Rubels, und gerade dies dämpft die Exportchancen anderer Branchen erheblich. Andere Wirtschaftssektoren werden demzufolge vernachlässigt und verlieren an Wettbewerbsfähigkeit, was sehr schwerwiegende Folgen haben könnte für den Fall, dass die Rohstoffpreise einbrechen. Was sollte dann exportiert werden und Devisen ins Land bringen? Bisher ist die russische Wirtschaft zu einseitig ausge-

[9] *Duwendag, Dieter (Hrsg.)*, (2002): Reformen in Russland und die deutsch-russischen Wirtschaftsbeziehungen, S.33.

richtet, außer dem Export von Rohstoffen und Energieträgern ist momentan nichts vorhanden.

(3) Ausländische Investitionen in die russische Wirtschaft

Investitionen, speziell ausländische Direktinvestitionen (FDI), sind ein wichtiger Indikator für die Attraktivität eines Wirtschaftsstandortes.
Die Investitionen in die Russische Föderation waren bisher sehr gering, was darauf schließen lässt, dass es zahlreiche Investitionshemmnisse für Investoren gab bzw. immer noch gibt.
Es scheint auch einen engen Zusammenhang mit der Krise des Jahres 1998 zu geben. Viele Investoren mussten damals herbe Verluste hinnehmen, Umsätze brachen ein. Deshalb ist es auch nicht verwunderlich, dass nur 6 Jahre nach der Krise, das Vertrauen der Investoren noch nicht in vollem Maße wiederhergestellt ist.

Bislang wurden rund 66,1 Mrd. US-$ (Stand: Ende des ersten Halbjahres 2004) an ausländischem Kapital in die russische Wirtschaft investiert.[10]
Dabei entfallen 40,7 Prozent auf Direktinvestitionen (insgesamt 26, 9 Mrd. US-$), 2,1 Prozent auf Portfolioinvestitionen (lediglich 1,39 Mrd. US-$) und 57, 2 Prozent auf andere Investitionen (37,81 Mrd. US-$).

---

[10] Vgl. www.finansy.ru – „Ausländische Investitionen in die russische Wirtschaft im ersten Halbjahr 2004“, Stand 23.08.2004.

Abb. 2 Gesamtbestände an ausländischen Investitionen in der Russischen Föderation, Stand 2004 (eigene Darstellung)

Kumulierte ausländische Investitionen bis 2004 - 66,1 Mrd. US $

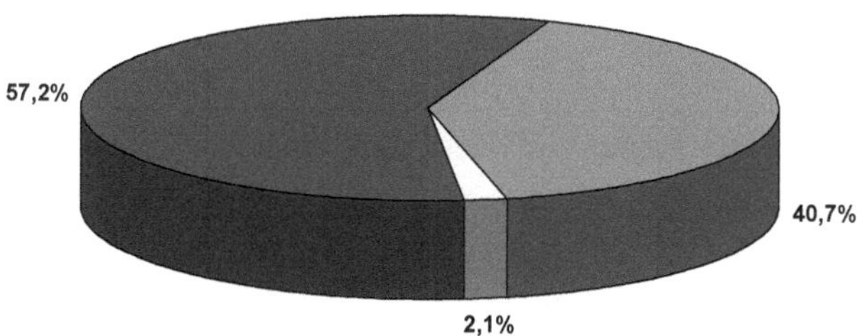

■ Diretkinvestitionen □ Portfolioinvestitionen ■ Andere Investitionen

In der ersten Jahreshälfte 2004 flossen 19 Mrd. US-$ an ausländischen Investitionen nach Russland, was eine Steigerung von ca. 50 Prozent im Vergleich zum gleichen Zeitraum 2003 darstellt.

Die Höhe der Direktinvestitionen in die Russische Föderation war im letzten Jahrzehnt unzureichend. Mit 3,43 Mrd. US-$ waren sie in der ersten Jahreshälfte 2004 zwar etwas höher als bis dato, aber in Bezug auf das BIP machten sie dennoch nur 1,32 Prozent aus, was kaum eine Veränderung zu den letzten Jahren darstellt. In anderen Industriestaaten fällt der Zufluss an Direktinvestitionen viel höher aus. In den ehemals sozialistischen Staaten, die heute bereits zur EU gehören, beliefen sich die Direktinvestitionen in den letzten zehn Jahren von 5 – 10 Prozent des Bruttoinlandproduktes (vgl. www.finansy.ru vom 23.08.04).

Trotz einer spürbaren Steigerung der FDI im Jahr 2004, bewegen sich die Direktinvestitionen dennoch auf einem recht niedrigen Niveau.

Wenn man sich vor Augen führt, welche positiven Effekte von FDI ausgehen, dann muss es vordringliches Ziel der russischen Regierung sein, die notwendigen Rahmenbedingungen für ein kräftiges Anwachsen der FDI zu schaffen.

Direktinvestitionen sind insbesondere für die Modernisierung einer Volkswirtschaft relevant, was man an den Beispielen aus Mittel- und Osteuropa (Baltische Staaten, Tschechien und Polen) sehr gut erkennen kann. Dort haben die FDI einen unermesslich hohen Beitrag zur Erlangung und Sicherung der Wettbewerbsfähigkeit dieser Länder geleistet. Positive Einflüsse gehen davon aus, dass veraltete Anlagen ausgetauscht und durch modernste Technologie ersetzt werden, was eine Volkswirtschaft schon in wenigen Jahren weit nach vorne bringen kann, da bisher nicht vorhandenes Know-how und Kapital ins Land fließt.[11]

Ein etwas beunruhigender Faktor in diesem Jahr dürfte der rasante Anstieg der Kapitalflucht aus Russland sein, die einen Wert von 15 Mrd. US-$ erreichen könnte. Im letzten Jahr betrug die Höhe der Kapitalflucht „nur" 2,9 Mrd.[12] Somit werden sich Ankündigungen nicht bewahrheiten, wonach erstmals mehr Kapital nach Russland fließt als abgezogen wird. Die Kapitalflucht macht deutlich, dass die Signale, welche von der Regierungspolitik ausgehen, auch weiterhin für Unsicherheit sorgen. Dies zeigt sich insbesondere an der sich ständig ändernden Haltung von Investoren und einheimischen Firmen, die einmal ihr Vertrauen bekunden, dann aber wieder von Ängsten heimgesucht werden und Kapital außer Landes bringen.
Die Regierung muss auf jeden Fall klare Signale senden, damit sich an dieser Lage endlich etwas ändert und sowohl Russland als auch ausländische Investoren profitieren.

2.2. Die deutsch-russischen Wirtschaftsbeziehungen

Die deutsch-russischen Wirtschaftsbeziehungen entwickeln sich mit einer bemerkenswerten Dynamik. Bereits in den letzten Jahren waren enorme Zuwächse beim bilateralen Handel zu verzeichnen. Im ersten Halbjahr erreichte der Handelsumsatz mit Russland fast 14 Mrd. Euro.
Dabei betrugen die deutschen Exporte nach Russland im ersten Halbjahr 2004 rund 6,9 Mrd. Euro, was eine Steigerung von mehr als 20 Prozent zu 2003 darstellt.

[11] Vgl. *Fisher, Paul* (2004), Seite 8.
[12] Vgl. *Verband der Deutschen Wirtschaft in der Russischen Föderation*, Jahresbericht 2003, S. 10.

Auch der Import aus Russland ist kräftig gewachsen, nämlich um 9,4 Prozent, und beläuft sich auf 7 Mrd. Euro. Bis zum Jahresende wird mit einem Volumen von 27 Mrd. Euro gerechnet (+ 17 Prozent).
Dabei importiert Deutschland vorwiegend Öl und Gas aus Russland. Die wichtigsten Exportgüter Deutschlands sind moderne Maschinen und Anlagen, z.B. für die Verarbeitung von Nahrungsmitteln (Milch- und Fleischindustrie).

In der folgenden Abbildung ist die Entwicklung des deutsch-russischen Handels dargestellt.

Abb. 3 Bilateraler Handel Deutschlands mit der Russischen Föderation zwischen 1999 und 2003
Quelle: Handelsblatt (27.10.04), Seite C 2 (leicht modifiziert)

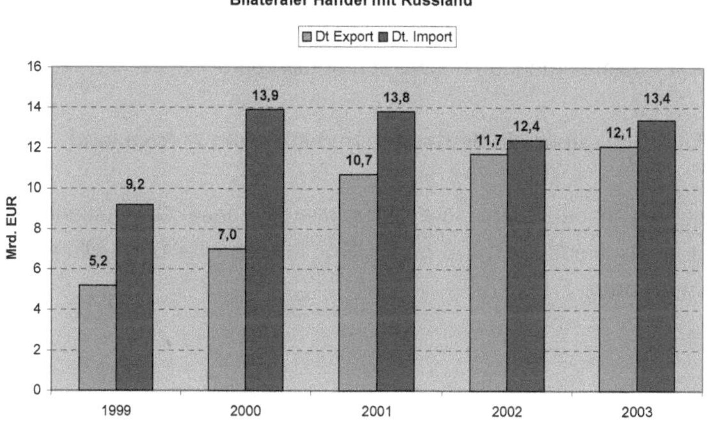

Für Russland ist Deutschland der wichtigste Handelspartner, im Jahr 2003 entfielen 24,5 Prozent des russischen Imports auf die Bundesrepublik.
11,7 Prozent der Gesamtausfuhren der Russischen Föderation entfielen dabei auf Deutschland. In Bezug auf die deutschen Handelspartner im Außen-

handel lag Russland 2003 einfuhrseitig auf Rang 15, ausfuhrseitig auf Rang 14.[13]

Insgesamt 1,8 Prozent der deutschen Gesamtausfuhren waren für Russland bestimmt, die Importe aus Russland machten 2,5 Prozent der deutschen Gesamteinfuhren aus. Eine Steigerung der deutschen Ausfuhren scheint möglich. Dies scheint vor allem vor dem Hintergrund eines stagnierenden Binnenmarktes in Deutschland und einer Konjunkturschwäche in der EU interessant zu sein.
In der Außenhandelsstruktur beider Länder lässt sich ein deutliches Ungleichgewicht erkennen. Während Deutschland für Russland in der Tat der wichtigste Handelspartner ist und eine Art Abhängigkeit sowohl für Importe aus Deutschland als auch für Exporte nach Deutschland besteht, ist die deutsche Außenhandelsstruktur durch Diversifikation gekennzeichnet, d.h. die deutsche Exportwirtschaft ist auf viel mehr Märkten mit unterschiedlichen Gütern und Waren präsent und kann somit auch Einbrüche und Risiken auf den verschiedenen Auslandsmärkten besser kompensieren.

2.2.1. Überblick über die deutschen Investitionen in Russland

Bei den seit Beginn der 90er Jahre akkumulierten Gesamtinvestitionen in Russland ist Deutschland mit 10, 3 Mrd. US-$ Spitzenreiter unter allen ausländischen Investoren.

[13] Vgl. Statistisches Bundesamt, „Rangfolge der Handelspartner im Aussenhandel“ – 2003).

Abb. 4 – Anteil der deutschen Investitionen an den ausländischen Gesamtinvestitionen (eigene Darstellung)

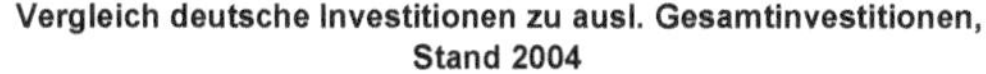

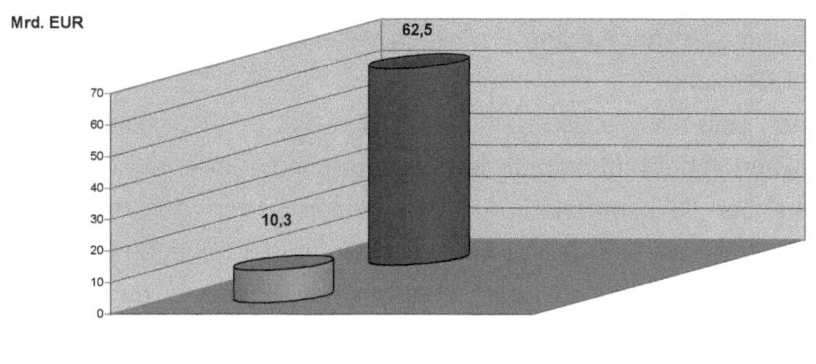

Die deutschen Investitionen machen 16 Prozent aller in Russland getätigten Investitionen aus. Während Deutschland bei den Gesamtinvestitionen auf dem ersten Platz liegt, sieht die Situation bei den Direktinvestitionen etwas schlechter aus.

Hier belegt Deutschland lediglich den 4. Platz (nach den Niederlanden, den USA und Zypern). Die etwas schwächere Position Deutschlands bei den Direktinvestitionen könnte auch mit der Exportstruktur deutscher Unternehmen zusammenhängen. Immerhin exportieren gerade die mittelständischen Unternehmen nach Russland. Aufgrund ihrer Größe exportieren diese Unternehmen, die oft zur Maschinenbaubranche gehören, direkt nach Russland, schlagen also den Weg des gewöhnlichen Warenhandels (direkter Export und Import bzw. unter Einschaltung von Handelsfirmen) ein. Dies hängt oft damit zusammen, dass diese Firmen sich in Familienbesitz befinden und die Inhaber generell etwas konservativer sind und das Risiko des Kapitaltransfers in Form von FDI scheuen.

Als Beispiel kann man hier schwäbische Anbieter von Ausrüstung und Anlagen für die Fleischindustrie anführen, die oft nur direkten Export betreiben bzw. über Vertreter und Handelsfirmen nach Russland liefern.

2.3. Reformen in der Russischen Föderation

(1) Allgemeine Bemerkungen

Die treibende Kraft in Russland in den letzten Jahren waren zweifelsohne die umfassenden und breit angelegten Reformen vieler wirtschaftlicher und gesellschaftlicher Bereiche.[14]

Diese Reformen sind maßgeblich dafür, dass sich das Bild Russlands nach außen hin gewandelt hat und potentielle Investoren immer öfter ein Auge auf den expandierenden Riesenmarkt im Osten Europas werfen, den man nicht mehr vernachlässigen darf. Es ist vor dem Hintergrund der heutigen Lage auf dem deutschen Binnenmarkt so, dass deutsche Unternehmen gezwungen sind, Ihre Umsätze durch Export zu generieren.

Man darf nicht vergessen, dass die Reformen in Russland noch nicht abgeschlossen sind. Bis dahin ist es noch ein langer, mühsamer Weg.

Russland hat im Vergleich zu anderen osteuropäischen Ländern viel länger gebraucht, um Strukturmaßnahmen zu ergreifen und erfolgreich zu implementieren.

Der Übergang zu einer Marktwirtschaft westlichen Typs ist zwar in Ansätzen vorhanden, dennoch hat Russland den Sprung in die Riege entwickelter Marktwirtschaften noch nicht geschafft. Daran ändert auch die Tatsache nichts, dass es Pläne gibt, die G7 zur G8 auszubauen und somit Russland einen ständigen Sitz in diesem Gremium zu gewähren.

Durch die Verflechtung von Wirtschaft und Politik ist es in der heutigen Zeit nicht immer einfach festzustellen, worin die wahren Motive eines solchen Versprechens seitens der entwickelten Industrienationen an Russland liegen. Eine Erklärung dafür könnte sein, dass man interessiert ist, ein stabiles Russland als Nachbarn und Partner an seiner Seite zu haben. Es spielen hier also durchaus politische Überlegungen eine wesentliche Rolle.

Marktwirtschaften westlichen Typs sind beispielsweise durch effiziente und liberalisierte Finanz- und Kapitalmärkte gekennzeichnet, was in Russland

[14] *Lüke, Gabriele et al. (Hrsg.)*, (2003) – So kommen Sie nach Russland, Seite 19 - 25.

(noch) keineswegs der Fall ist. Von diesem Standpunkt aus betrachtet, gehört Russland nicht zu den entwickelten Industrienationen, die in der G7 vereinigt sind. Und trotzdem soll Russland gleichberechtigter Partner sein. Dies ist ein eindeutiges Zeichen politisch motivierten Vorgehens seitens der großen Industrienationen.

Im Folgenden sollen die wichtigsten Reformen vorgestellt werden, die für ein Engagement in der Russischen Föderation von besonderer Bedeutung sind. Dabei wird der Stand der jeweiligen Reform berücksichtigt. Es werden die Vor- und Nachteile für deutsche Unternehmen genannt, die durch diese Reformen entstanden sind.

(2) Reformen in den ersten Jahren nach dem Zerfall der Sowjetunion

Kennzeichnend für die ersten Jahre nach dem Zerfall der Sowjetunion waren Bestrebungen, das Volkseigentum zu privatisieren. Dieser Versuch scheiterte kläglich, denn fast das gesamte Staatseigentum ging für einen lächerlichen Bruchteil des eigentlichen Werts in die Hände einiger weniger, der so genannten *Oligarchen,*[15] über, die auch heute noch dem Land die Luft zum Atmen stehlen.
Ca. 60 Prozent der ehemals staatseigenen Industriebetriebe gingen in den Besitz kaum eines Dutzend Tycoons über.[16]
Die *Oligarchie* erlebte 1997 ihren vorläufigen Höhepunkt bzw. ihre Blütezeit.
1998 kam es dann zur verheerenden Wirtschaftskrise, für die letzten Endes die gesamte Bevölkerung gerade stehen musste.

[15] Bei den so genannten *Oligarchen* handelt es sich um einige wenige Tycoons, die teilweise durch undurchsichtige Machenschaften zu riesigem Wohlstand gekommen sind und die heute noch der russischen Wirtschaft die Luft zum Atmen abschnüren.
[16] *Lüke, Gabriele et al. (Hrsg.)*, (2003) – So kommen Sie nach Russland, Seite 318.

(3) Reformen unter Wladimir Putin

Seit Putins Machtantritt im Jahre 2000 wurde das Reformtempo deutlich gesteigert.
Es wurden Reformen vieler außerordentlich wichtiger Bereiche in Angriff genommen. Gerade diese Reformen waren für Russland sehr wichtig, denn erst dadurch wurde das durch die Krise von 1998 zerrüttete Vertrauen ausländischer Investoren und Partner annähernd wiederhergestellt. Somit hat sich auch das Investitionsklima in der Russischen Föderation merklich verbessert.
Die wohl wichtigsten Änderungen in der russischen Gesetzgebung dürften der Steuerkodex I (Inkrafttreten des allgemeinen Teils am 01.01.1999) und II (Inkrafttreten am 01.01.2001 – Umsatzsteuer, Einheitliche Sozialsteuer; 01.01.2002 – Gewinnsteuer) sein. Andere wichtige Änderungen betreffen das Zivile (Bürgerliche) Gesetzbuch der Russischen Föderation (3. Teil aus dem Jahr 2000). Außerdem gibt es einige wichtige föderale Gesetze, die insbesondere die Investitionstätigkeit auf dem russischen Markt regeln.
All diese Neuerungen sind auch für ausländische und insbesondere deutsche Unternehmen von enormer Bedeutung. Deutsche Unternehmen, die den russischen Markt erfolgreich bearbeiten wollen, müssen die wichtigsten Reformen kennen.

Im Folgenden sind die wichtigsten Reformen ausführlich dargestellt.[17]

2.3.1. Verwaltungs- und Föderalreform

In der Russischen Föderation bestand früher das Problem, dass föderale Gesetze in den Regionen nicht eingehalten wurden und die regionale Gesetzgebung teilweise der föderalen zuwider lief. Dies war natürlich ein gewaltiges Investitionshemmnis, denn es gab keinen einheitlichen Wirtschaftsraum.
Deshalb war es dringend erforderlich, die Einhaltung föderaler Gesetze sicherzustellen, um ausländische Investoren nicht abzuschrecken.
Es wurden 7 föderale Kreise gegründet und für jeden dieser Kreise wurde ein bevollmächtigter Vertreter des Präsidenten ernannt. Somit wurden die früher

[17] Duwendag, Dieter (Hrsg.), (2002): Reformen in Russland und die deutsch-russischen Wirtschaftsbeziehungen, Seite 23-85.

teilweise übermächtigen Gouverneure der einzelnen Regionen entmachtet. Ihre Kompetenzen wurden erheblich beschnitten.
All dies geschah durch die Stärkung der Zentralmacht. Auf dieser Grundlage wurde eine stärkere Einflussmöglichkeit des Staates in die Tätigkeit der regionalen und örtlichen Verwaltungen geschaffen. Die genannte Reform hat ohne Zweifel einen großen Beitrag zur Vereinheitlichung des Wirtschaftsraumes geleistet.

Mit der Verwaltungs- und Föderalreform in engem Zusammenhang steht auch die geplante Entbürokratisierung der russischen Wirtschaft.
Ziel der Reform ist eine weit reichende Entbürokratisierung, was vor dem Hintergrund der ausufernden Bürokratie in Russland, die den wirtschaftlichen Alltag oft lähmt und in der Dynamik bremst, dringend erforderlich ist.
Doppelstrukturen, welche die Arbeit verschiedener Behörden ineffizient machen, sollen abgeschafft werden. Durch die Bürokratiereform soll auch die Korruption, die in vielen Behörden wuchert, eingedämmt werden. Zur Durchsetzung der Reform ist vorgesehen, Kommissare einzusetzen, welche die einzelnen Ministerien dann effektiv reformieren sollen.
Das Problem, das momentan besteht, ist die Finanzierung dieser Kommissare, die sich auf ca. 2,5 Mrd. Dollar belaufen wird.[18] Es wird sich zeigen, wie sich die Reform in Zukunft gestalten wird. Widerstand ist zu erwarten, da die Rechte bestimmter Gruppen eingeschränkt werden sollen und Arbeitsplätze durch die „Verschlankung" des staatlichen Verwaltungsapparats verloren gehen werden.

2.3.2. Besteuerung natürlicher und juristischer Personen

Im Folgenden wird näher auf die Besteuerung natürlicher und juristischer Personen eingegangen. Die ersten beiden Punkte beziehen sich auf natürliche Personen, können aber auch für deutsche Unternehmen, die in Russland eine juristische Person darstellen sehr interessant sein, insbesondere wenn es um die Einstellung von Arbeitskräften in Russland geht.

---

[18] Vgl. *Handelsblatt*, Artikel: „Bürokratie-Reform in Russland wird teuer" vom 10.11.2004.

(1) Einkommenssteuer

Die Einkommenssteuer beträgt 13 Prozent für Einkünfte unbeschränkt Steuerpflichtiger (Residenten). Für Nicht-Residenten beträgt sie dagegen 30 Prozent. Ausländer, die sich in Russland unter 183 Tagen aufhalten, gehören zu den so genannten Nicht-Residenten. Die Einkommenssteuer ist in Deutschland erheblich höher. Hier gibt es für deutsche Unternehmen, die eventuell Arbeitskräfte vor Ort nach Russland entsenden oder dort einstellen, ein nicht zu unterschätzendes Einsparungspotential.

(2) Einheitliche Sozialsteuer

In Russland wird die Sozialsteuer im Gegensatz zu Deutschland allein vom Arbeitgeber bezahlt. Ihr unterliegen alle Vergütungen einschließlich Sachbezüge. Diese Steuer ist degressiv, d.h. mit steigendem Einkommen sinkt die Sozialsteuer. Dies hat den einfachen Grund, dass die Unternehmen dazu „erzogen" werden sollen, die gesamten Vergütungen des Arbeitnehmers zu versteuern und nicht etwa Gehälter „schwarz" auszubezahlen. In Russland wird nur ein Teil der Gehälter deklariert, der Rest wird unter der Hand ausbezahlt. Unternehmen wollten auf diese Art und Weise Steuern sparen. Dies will man mit der Einführung einer regressiven Steuer nun verhindern, indem man für die reguläre Ausbezahlung der Gehälter die Steuerlast mindert (von 35,6 bis 2 Prozent vom Einkommen). Ab dem 01.01.2005 sinkt der Maximalsteuersatz für die einheitliche Sozialsteuer von bisher 35,6 Prozent auf 26 Prozent. Interessant ist auch die Tatsache, dass seit dem 01.01.2003 auch für ausländische Mitarbeiter die Einheitliche Sozialsteuer entrichtet werden muss, obwohl diese keinen Anspruch auf russische Sozialleistungen erwerben können.

(3) Gewinnsteuer

Die Gewinnsteuer[19] wurde am 01.01.2002 auf 24 Prozent (Höchststeuersatz) gesenkt. Dabei entfallen 5 Prozent an den föderalen Haushalt, 17 Prozent an

[19] _Duwendag, Dieter (Hrsg.)_, (2002): Reformen in Russland und die deutsch-russischen Wirtschaftsbeziehungen, Seite 145-152.

den regionalen Haushalt und 2 Prozent an den kommunalen Haushalt. Der Mindeststeuersatz beträgt 20 Prozent. Dies hängt damit zusammen, dass die Regionen ihre Steuersätze noch um 4 Prozentpunkte absenken können, auf 13 statt 17 Prozent.

Zum 01.01.2005 fällt der Anteil von 2 Prozent an die Kommunen weg. Auf den föderalen Haushalt werden 6,5 Prozent, auf den regionalen 17,5 Prozent entfallen.
Der Mindeststeuersatz von 20 Prozent bleibt erhalten.
Vor der Neuregelung der Gewinnsteuer betrug sie 30 bzw. 35 Prozent und war eine Investitionsbarriere. Die tatsächliche Steuerlast für viele Unternehmen war allerdings in Wirklichkeit noch viel höher, sie betrug in manchen Fällen sogar 100 Prozent, was dadurch zustande kam, dass viele Aufwendungen nicht abzugfähig waren. Diese hohe Steuerlast war der Hauptgrund für die Absenkung, schließlich wollte man Direktinvestitionen in Russland fördern, was mit hohen Steuersätzen keinesfalls möglich war. Außerdem bot die drückende Steuerlast einen starken Anreiz zur Steuerflucht russischer Unternehmen, denn unter normalen Bedingungen konnten viele russische Unternehmen einfach nicht arbeiten bzw. überleben. Durch diese Neuregelung wurde Russland als Standort wesentlich aufgewertet.

Bei Dividendenbezügen russischer Gesellschaften von russischen Gesellschaften gilt ein Quellensteuersatz von 6 Prozent (der ab dem 01.01.2005 auf 9 Prozent angehoben wird), bei Dividendenbezügen von ausländischen Gesellschaften gilt dagegen ein Satz von 15 Prozent.
Bei Frachtgeschäften und den daraus stammenden Erträgen ausländischer Unternehmen kommt ein Quellensteuersatz in Höhe von 10 Prozent zur Anwendung.
Bei sonstigen Erträgen ausländischer Unternehmen aus russischen Quellen, wie z.B. Zinserträge, Dividenden, Lizenzgebühren, beträgt die Höhe der Quellensteuer 20 Prozent.

Wichtige Neuerungen gibt es auch in Bezug auf die Abzugsfähigkeit für bestimmte Ausgaben und deren Zulässigkeit. Früher kannte der russische

Steuerkodex praktisch keine steuerliche Abzugsfähigkeit für bestimmte Aufwendungen wie Beratungsaufwand, Personalentsendung und –schulung. Nun ist es möglich, die Steuerlast um die genannten Aufwendungen zu mindern. Damit wird eine Annäherung an europäische Standards erreicht. Andererseits wurden mit der Neuregelung der Gewinnsteuer auch Steuervergünstigungen abgeschafft, welche es manchen Unternehmen erlaubten, ihre Steuerlast erheblich zu senken, so dass nun trotz niedrigerer Steuersätze die Steuerbürde für manche Unternehmen sogar angestiegen ist (ausführlich hierzu im Abschnitt 3.1.1)

Es gab z.B. in der Russischen Föderation einige Offshore-Zentren in den Regionen, in die viele russische Unternehmen investiert haben. Diese Unternehmen wurden dann von der Gewinnsteuer befreit und mussten nicht oder erheblich weniger in den regionalen Haushalt dieser Zentren einzahlen. Auch bei der Unterstützung von religiösen Organisationen und Sporteinrichtungen galten Steuervergünstigungen, die seit Inkrafttreten des Steuergesetzbuchs nun weggefallen sind. Ein weiteres wichtiges Merkmal der neu geregelten Gewinnsteuer sind die kürzeren Abschreibungszeiträume, die früher viel zu lang waren und in manche Fällen einige Jahrzehnte umfassten, was unter keinen Umständen der Realität entsprach.

Bei der Besteuerung ausländischer juristischer Personen ist zwischen Repräsentanz, Filiale bzw. Betriebsstätte zu unterscheiden (vgl. hierzu Abschnitt 3.2.1). Nur ständige Vertretungen in Russland gelten als steuerpflichtig, d.h. Filialen unterliegen in Russland der Besteuerung, Repräsentanzen dagegen nicht, da sie Geschäfte nur anbahnen und keine Befugnis zu deren Abschluss besitzen.

(4) Mehrwertsteuer

Der Standardsatz beträgt 18 Prozent. Langfristig soll er auf 16 Prozent gesenkt werden. Daneben existiert ein vergünstigter Steuersatz in Höhe von 10 Prozent auf Nahrungsmittel, medizinische Produkte usw. Die Abschaffung der

Verkaufssteuer zum 01.01.04 in Verbindung mit der gesenkten Mehrwertsteuer hat sich positiv auf die Kaufkraft ausgewirkt.

Die Mehrwertsteuer kann in einigen Fällen 0 Prozent betragen, etwa bei Exportgeschäften russischer Unternehmen, was man aus Deutschland kennt. Interessant ist hier die Tatsache, dass die Mehrwertsteuer auch beim Export 18 Prozent beträgt, falls das russische Unternehmen Vorauszahlungen des Kaufpreises erhält, was ein wenig sonderbar anmutet. Schließlich ist eine Anzahlung in manchen Fällen notwendig, um die Vertragserfüllung durch die Gegenpartei zu gewährleisten.
Die gezahlte Mehrwertsteuer kann zurück erstattet werden, allerdings gestaltet sich dieses Unterfangen in der Praxis mitunter oft sehr kompliziert und mündet nicht selten in einen Rechtstreit mit den Steuerbehörden, die immer einen Grund finden können, wieso die Steuer nicht erstattet werden kann.

Erwähnenswert ist hier noch die Tatsache, dass die Mehrwertsteuer auf die Veräußerung von Wohnungen bzw. Wohnflächen im Jahr 2005 abgeschafft werden soll. Für die Praxis werden sich hieraus einige Probleme ergeben, die den Steuerbehörden wohl gar nicht bewusst waren. Problematisch wird sein, dass juristische Personen die Mehrwertsteuer, die sie für Vorleistungen z.B. an eine Baufirma für Baumaterial und die Ausführung von Arbeiten bezahlt haben, nicht mehr verrechnen können mit der Mehrwertsteuer aus der Veräußerung eines Wohnobjekts. Es bleibt abzuwarten, wie dieses Problem gelöst werden soll.[20]

(5) Staatliche Registrierung juristischer Personen

Das Gesetz zur Registrierung juristischer Personen ist am 01.07.02 in Kraft getreten und vereinfacht die Registrierung juristischer Personen und Einzelunternehmen. Es befasst sich des Weiteren mit der Reorganisation und Liquidation von Unternehmen.
Das zu Grunde liegende Prinzip ist das so genannte „One Stop Window".

[20] Telefongespräch vom 17.12.2004 mit einer Bekannten, die in einer Moskauer Wirtschaftsprüfungsgesellschaft als Wirtschaftsprüferin arbeitet.

Ziel ist es, die Registrierung von juristischen Personen über nur eine Behördenstelle abzuwickeln. Dies soll innerhalb von 5 Arbeitstagen geschehen. In der Praxis funktioniert dies allerdings nicht so reibungslos wie proklamiert.
Da Deutschland Russland wichtigster Handelspartner ist, verfolgt man in Russland sogar den Plan der Errichtung eines „German Desk", welches die Belange deutscher Unternehmen regeln und die zentrale Anlaufstelle für diese Firmen darstellen soll.

(6) Tendenzen im russischen Steuersystem

Es lässt sich die Tendenz zur Vereinfachung des gesamten russischen Steuerrechts erkennen, allerdings gestaltet sich der Alltag in Russland oft viel komplizierter als angenommen. Dies liegt oft an den verschiedenen Behörden und der mangelnden Abstimmung dieser untereinander. Problematisch ist auch die Tatsache, dass in Russland Unternehmen die Hauptlast der Steuern tragen. Natürliche Personen zahlen dagegen nur 15 Prozent aller Steuern. Dies ist in den Industrieländern umgekehrt. Dort versucht man, den Unternehmen entgegen zu kommen.
Es ist einleuchtend, dass eine derartige Situation in Russland einer verstärkten Investitionstätigkeit nicht zuträglich ist.

2.3.3. Gesetz über ausländische Direktinvestitionen (09.07.99)

Das Gesetz über ausländische Direktinvestitionen ist von seiner Bedeutung sehr hoch einzustufen. Ziel dieses Gesetzes war es, die Rechte ausländischer Investoren bezüglich Einkommen und Gewinn zu gewährleisten. Es sollte sichergestellt werden, dass ausländische Investoren Einkommen und Gewinne repatriieren können, ohne eine Intervention des russischen Staates fürchten zu müssen.

Erwähnenswert ist in diesem Zusammenhang die Tatsache, dass das Gesetz sich nicht auf den Banken- und Versicherungssektor bezieht. Für diesen Bereich existieren Ausnahmen, da in Russland momentan noch Ängste überwiegen, unter ausländische Kontrolle zu geraten.

Negativ ist auch das Vorhandensein so genannter „Stabilisierungsregelungen“ zu werten. Diese können immer dann zur Anwendungen kommen, wenn nationale Interessen gefährdet sind. Allerdings öffnet dies der Willkür staatlicher Eingriffe Tür und Tor, da eine Abgrenzung, wann eine Investition gegen nationale Interessen verstößt, eine Auslegungssache darstellt und in höchstem Maße subjektiv ist.
Im Juli dieses Jahres musste dies die Firma Siemens[21] am eigenen Leib spüren, als sie den Versuch unternahm, die Mehrheit am Turbinenbauer „*Silowye Maschiny*“ zu erwerben. Gerade solche Handlungen der russischen Regierung sind es, die die Investitionstätigkeit immer wieder hemmen.
Die ablehnende Haltung im Falle Siemens von Präsident Putin dürfte sich allerdings damit erklären lassen, dass der genannte Maschinenbaukonzern Turbinen für Atomkraftwerke baut. Dies stellt einen sehr sensiblen Bereich dar. Somit war also die Reaktion des russischen Präsidenten durchaus verständlich.

2.3.4. Wertpapiermarktgesetz - einige Neuerungen

Das Wertpapiermarktgesetz trat Anfang 2003 in Kraft und soll die Rechtslage für einen effizienten und transparenten Wertpapiermarkt liefern. Dieses und weitere Gesetze, die sich auf den Finanzsektor beziehen, werden von ausgesprochen hoher Bedeutung für die Russische Föderation sein, da sie die Schaffung eines Kapitalmarktes insgesamt beeinflussen werden, welcher bis zum heutigen Tage noch nicht richtig existiert. Der Wertpapierkatalog wurde ausgeweitet. In früheren Redaktionen dieses Gesetzes waren nur die Aktien und Obligationen geregelt. In der jetzigen Redaktion finden sich Optionen, die mit Optionsscheinen vergleichbar sind.
Es wurde das Emissionsverfahren für Obligationen mit einer Laufzeit bis zu einem Jahr vereinfacht.[22]

---

[21] Handelsblatt, Artikel: „Siemens stößt bei Investitionsprojekt in Russland auf unerwartete Hürden. Wachsender Staatseinfluss hemmt immer wieder westliche Beteiligungen“ vom 15.07.2004.

[22] Verband der Deutschen Wirtschaft in der Russischen Föderation, Jahresbericht 2003, S. 27 ff.

Des Weiteren wurde erstmals das „Underwriting", welches eine Garantie zur Platzierung von Wertpapieren darstellt, anerkannt. Dies bedeutet, dass nun auch die Dienste von Vermittlern und Finanzberatern, welche nun selbst als „Underwriter" auftreten, beim Verkauf von Wertpapieren an potentielle Anleger genutzt werden können. Auch dies stellt im Gegensatz zu früheren Redaktionen des Wertpapiergesetzes ein Novum da.
Der Begriff „des Wertpapiermarktes" selbst wurde jedoch noch nicht ausreichend vom Gesetzgeber definiert, so dass hier eine Unzulänglichkeit deutlich wird. Dies wird in zukünftigen Redaktionen des Wertpapiermarktgesetzes nachzuholen sein.

2.3.5. Zwangsumtausch für Devisenexport-Erlöse und das neue Devisengesetz

Eng mit Direktinvestitionen hängt auch der Zwangsumtausch von Devisen zusammen, die durch Export erwirtschaftet wurden. Der Zwangsumtausch wurde zunächst von 75 auf 50 Prozent gesenkt. In diesem Jahr betrug der Pflichtverkauf des Devisenerlöses „nur" 25 Prozent (Instruktion der Zentralbank Nr. 111-I vom 30. April 2004), was sehr positiv aufgenommen wurde. Ab dem 1. Januar 2005 wird dieser Prozentsatz noch einmal gesenkt auf 10 Prozent. Diese Tatsache ist positiv zu werten, da dadurch der Geld- und Zahlungsverkehr liberalisiert wird. Je weniger Zwänge bestehen, desto besser. Die Senkung ist vom Standpunkt ausländischer Investoren in Russland sehr begrüßenswert, allerdings könnte man berechtigterweise die Frage stellen, wieso ausgerechnet jetzt dieser Satz weiter gesenkt wird.
Schließlich ist die Kapitalflucht 2004 aus Russland wieder sehr hoch und wird die „recht niedrige", zumindest für russische Verhältnisse, Kapitalflucht des Vorjahrs deutlich übersteigen (von 2,9 Mrd. Euro 2003 auf knapp 15 Mrd. Euro 2004).

Das neue föderale Gesetz „über die Devisenregulierung und Devisenkontrolle" vom 10. Dezember 2003 scheint nach Aussagen von Experten liberaler zu sein als frühere Regelungen. So müssen beispielsweise Devisenerlöse, die zur Rückzahlung von in OECD-Staaten[23] aufgenommenen Krediten und Darlehen mit einer Laufzeit von über 2 Jahren verwendet werden, nicht mehr repatriiert werden.

Die Kenntnis des russischen Devisenrechts ist für deutsche Unternehmen unerlässlich, um Schwierigkeiten und Sanktionen zu vermeiden.
So ist es in der Vergangenheit schon vorgekommen, dass Vertriebspersonal deutscher Unternehmen, das in Russland während einer Messe Ersatzteile für bestimmte Maschinen verkauft und von ihren russischen Partnern Geld in Fremdwährung erhalten hat, bei der Ausreise Schwierigkeiten hatte und Devisenerlöse zum Teil abgenommen bekam.

Bezüglich Devisen ist in Russland mittlerweile die Tendenz zu erkennen, verstärkt auf den Euro überzugehen, womit der Dollar in Russland als Leitwährung langsam an Gewicht in verliert. Die russische Zentralbank fragt immer häufiger Euro nach. Für die Zukunft ist geplant, den Rubel an einen Warenkorb aus Dollar und Euro anzubinden, wobei der Anteil von Euro und Dollar langfristig jeweils 50 Prozent betragen soll.
Endgültiges Ziel ist ein frei konvertierbarer Rubel bis zum Jahre 2007. Allerdings stellt sich die Frage, ob innerhalb eines so kurzen Zeitraums das Vertrauen in den russischen Rubel hergestellt werden kann. Dies ist wohl eher zu verneinen, wenn man sich die Finanzkrise aus dem Jahre 1998 vor Augen hält. Vertrauen lässt sich nicht über Nacht gewinnen, es muss sich langsam entwickeln.

2.3.6. Gesetz über Grund und Boden

Das Gesetz wurde im Oktober 2001 verabschiedet und nicht selten als revolutionäres Gesetz bezeichnet, denn es ermöglicht auch ausländischen juristischen und natürlichen Personen, Grund und Boden in Russland zu erwerben. Allerdings regelt das Gesetz den Erwerb und das Eigentum von lediglich 2 Prozent des gesamten Grunds und Bodens in der Russischen Föderation. Es darf unter keinen Umständen vergessen werden, dass das Gesetz den Be-

[23] Organization for Economic Cooperation and Development.

reich „landwirtschaftliche Nutzflächen und Boden“ ausklammert. Hier ist den Ausländern der Zutritt verwehrt.
Des Weiteren können Ausländer in Moskau selbst kein Eigentum an Grund und Boden erwerben. Dies ist ein sehr wichtiger Faktor, denn man nicht vergessen darf. Schließlich ist Moskau mit Abstand der bedeutendste Wirtschaftsstandort in der Russischen Föderation.
Hier spielt sich fast das gesamte Wirtschaftsleben des gesamten Landes ab. Die meisten deutschen Unternehmen haben sich gerade dort niedergelassen. Ihre Zahl betrug im Jahr 2002 / 2003 knapp 3000.[24]
In diesem Bereich müssen noch einige Punkte geregelt werden, damit ausländische Investoren wirklich in vollem Maße von dieser Reform profitieren können.

2.3.7. Der neue Zollkodex der Russischen Föderation

Am ersten Januar 2004 ist der neue Zollkodex der Russischen Föderation in Kraft getreten.[25] Das russische Zollsystem war und ist immer noch sehr kompliziert. In Zusammenhang mit dem angestrebten Beitritt zur Welthandelsorganisation (WTO) mussten Änderungen vorgenommen werden, was deutschen Unternehmen nur gelegen kommen kann.

Früher hatten die Zollbehörden lediglich die Aufgabe, die Ausfuhren zu kontrollieren. Dies soll sich nun mit der Einführung des neuen Zollkodex grundlegend ändern. Die Dienstleistungsfunktion der Behörden soll nun viel stärker gewichtet werden.
Die genannten Behörden sollen bei der schnelleren Abfertigung der Waren und Güter mitwirken und somit den Im- und Export effizienter und schneller gestalten.

Problematisch war bisher die wahre Flut von Gesetzen und Rechtsakten, die das Zollwesen regulierten. Nicht selten kam es zu Widersprüchen, was nicht selten auch Spielraum für eigenmächtige Entscheidungen bot.

[24] _Lüke, Gabriele et al. (Hrsg.)_, (2003), So kommen Sie nach Russland, Seite 388.
[25] _Verband der Deutschen Wirtschaft in der Russischen Föderation_, Jahresbericht 2003, S. 23-25.

Momentan gibt es noch einige Bereiche, die vor einem Beitritt zur WTO auf jeden Fall gelöst werden müssen. Die strittigen Fragen sind:

- Abschottung des russischen Versicherungsmarktes. Auslandskapital ist bei Versicherungsgesellschaften auf 15 Prozent beschränkt.
- Differenz zwischen heimischen Preisen und Exportpreisen für Erdgas, Öl und andere wichtige Rohstoffe.
- Tarife bei Eisenbahnbenutzung für Ausländer viel höher.
- Schutzzölle für sensible Bereiche wie z.B. Flugzeug- oder Automobilindustrie sowie für den Agrarsektor.
- Devisenkontrolle, die es in Russland noch gibt. Liberalisierung notwendig.
- Schutz von geistigen Eigentumsrechten, Kampf gegen Markenpiraterie.

Aller Voraussicht nach wird Russland nicht vor 2006 der WTO beitreten, obwohl bereits 1993 ein Aufnahmenantrag gestellt wurde. Der Beitritt wurde einige Male hinausgezögert, da es immer noch strittige Punkte gibt, die es zuerst zu lösen gilt.
Wesentliche Änderungen und Vereinfachungen, die das russische Zollwesen betreffen, beziehen sich auf folgende Punkte:

- Man hat das Recht zu entscheiden, wo die Verzollung stattfinden soll.
- Die Zolldeklaration kann bereits vor Bezahlung der Zollgebühren eingereicht werden.
- Bezahlung der Zollabgaben erst nach Freigabe der Ware.
- Eine erschöpfende Liste der für Verzollungszwecke notwendigen Dokumente ist enthalten.
- Vorgesehen ist eine Verkürzung der Fristen für die Verzollung von Waren. Dabei ist ein Zeitraum von drei Tagen geplant.
- Erstattung der Zollgebühren, falls die Ware nach Russland mit dem Ziel des Reexportes eingeführt wurde. Dadurch wird eine Doppelbesteuerung vermieden.
- Zwischenlagerung im Zollager wurde auf 4 Monate erhöht.
- Transportrouten innerhalb Russland sind nicht mehr zwingend vorgeschrieben (Ausnahme: gefährliche Güter).

In Zusammenhang mit dem WTO-Beitritt ist auch das **Gesetz „über die technische Regulierung"** zu erwähnen, welches am 01.07.2003 in Kraft getreten ist. Ziel ist es, die staatliche Kontrolle im technischen Bereich zu verringern.
Des Weiteren soll eine Neuregelung des technischen Rechts erfolgen. Momentan gelten zwar noch die Anforderungen der GOST R-Pflichtzertifizierung,[26] sie werden aber mit der Zeit durch die neuen Regelungen ersetzt werden. Letzten Endes soll und wird es zu einer Harmonisierung mit den internationalen und europäischen Normen kommen.

2.3.8. Rechnungslegungsreform

Es ist geplant, die Rechnungslegung und Buchführungsvorschriften an internationale Standards anzupassen.
Dies würde die Bilanzierung für ausländische Unternehmen, die in Russland eine eigene Produktionsstätte haben, viel einfacher gestalten, da auch in Deutschland die International Accounting Standards (IAS) ab dem 01.01.2005 in Kraft treten. Somit wäre eine standardisierte Buchführung gewährleistet.
Allerdings müssen zuerst die rechtlichen Grundlagen für den Übergang zu den IAS geschaffen werden.
Wichtig ist hierbei auch die Tatsache, dass es für Außenstehende leichter wird, sich ein klares Bild über die Vermögens- und Ertragslage eines Unternehmens zu machen. Dies war bisher in Russland ein recht schwieriges mitunter sogar unmögliches Unterfangen.
Ab dem 01.01.2007 sollen dann alle Unternehmen zu einem Einzelabschluss nach IAS verpflichtet werden. Ob dieser Zeitplan einzuhalten ist, mag bezweifelt werden, denn schließlich sind in Russland viele Fachkräfte in der Buchhaltung noch nicht gut mit den neuen Regelungen der international verbreiteten Rechnungslegung vertraut bzw. nicht fit für einen derart schnellen Übergang.

---

[26] Staatliches Komitee der Russischen Föderation für Standardisierung, Metrologie und Zertifizierung GOSSTANDART.

2.3.9. Reform des Bankensektors

Das wohl wichtigste Reformvorhaben für die nächsten Jahre stellt die Reform des Bankensektors[27] dar. Viele Experten sind sich darin einig, dass diese Reform bis zu ihrem erfolgreichen Ende einige Jahre in Anspruch nehmen wird und dass Russland bei der Durchführung sehr wachsam sein muss, um kein Fiasko zu erleben.

Oft werden Parallelen zur Asienkrise von 1997 angeführt, und es wird davor gewarnt, dass im Prinzip die Situation in Russland der Situation unmittelbar vor dem Ausbruch der Asienkrise sehr ähnle. Es gibt sehr viele Banken, die undurchsichtige Geschäfte treiben und somit eine Gefahr für die russische Wirtschaft insgesamt darstellen.

Nach der schweren Finanzkrise von 1998 verloren viele Banken in Russland ihre Lizenzen, viele Sparer ihr Geld. Der Bankensektor hatte sich als ineffizient erwiesen. Heute, mehr als sechs Jahre nach der Krise, existieren in Russland immer noch viel zu viele Banken. Ihre Zahl beläuft sich auf ca. 1300. Daneben existieren Banken, die sogar völlig ohne Lizenz tätig sind.

Das Problem des russischen Bankensektors besteht in seiner chronischen Unterkapitalisierung. Die Aktiva vieler Banken sind für eine Banktätigkeit oft völlig unzureichend. Des Weiteren herrscht im russischen Bankensektor zu wenig Wettbewerb. Er wird mehr oder weniger von einigen wenigen Banken wie der Sberbank (eine Art „Sparkasse“) dominiert. Die zwei größten Banken – die Sberbank und die Wneshtorgbank (Außenhandelsbank) befinden sich in öffentlicher Hand. Andere Geschäftsbanken verfügen über einen verschwindend geringen Marktanteil, obwohl sie das Gros der Banken in Russland darstellen.

In der Russischen Föderation treten viele Banken nur unzureichend als Finanzintermediäre auf, d.h. die Kreditvergabe nimmt bislang nur einen marginalen Stellenwert in den Gesamtaktivitäten der Banken ein.[28] Die Haupteinnahmequelle stellen Fremdwährungstransaktionen an internationalen Kapitalmärkten dar.

---

[27] Vgl. OECD (2004), Russian Federation 2004: Banking Reform.

[28] Duwendag, Dieter, (Hrsg.), (2002) – Reformen in Russland und die deutsch-russischen Wirtschaftsbeziehungen, Seite 211.

Für die russische Wirtschaft ist dies sehr negativ. Viele Unternehmen, insbesondere kleine und mittelständische, haben keinen Zugang zu Bankkrediten, was wiederum ihre Investitionstätigkeit und Wettbewerbsfähigkeit stark hemmt.

Bei der Abwicklung von Exportgeschäften muss dann der deutsche Exporteur sich eine Finanzierungsmöglichkeit überlegen. Oft möchte der russische Kunde eine Ratenzahlung durchsetzen, da er oft erst nach Inbetriebnahme einer Maschine oder Anlage die finanziellen Mittel erhält, um die Raten an den deutschen Exporteur zu begleichen. Dies stellt natürlich ein Risiko für den deutschen Exporteur dar, da er nicht völlig sicher sein kann, ob er sein Geld tatsächlich bekommt.

Deshalb wird im Russlandgeschäft noch sehr viel mit Staatsgarantien und Bürgschaften gearbeitet, und dies nicht nur bei Großprojekten.

Aber nicht nur die mangelnde Verfügbarkeit in Russland stellt ein Problem dar. Auch die Tatsache, dass Kredite in Russland sehr teuer sind, wirkt sich sehr negativ aus.

Für russische Banken ist es erheblich teurer, einen Kredit bei der Zentralbank aufzunehmen als auf dem internationalen Kreditmarkt.

Einige Banken, die Zugang zum internationalen Bankenmarkt haben, machen von dieser Möglichkeit regen Gebrauch, da sie im Vergleich zu einer Kreditaufnahme bei der Zentralbank viel Geld einsparen können.

Weiterhin ist zu nennen, dass in Russland die Bankenaufsicht von der russischen Zentralbank wahrgenommen wird. Dies mag auf den ersten Blick auch völlig einleuchtend erscheinen. Wer sonst sollte die Bankenaufsicht übernehmen als die staatliche Zentralbank? In Russland unterhält die Zentralbank allerdings kommerzielle Auslandstöchter, was dem Gedanken der Unabhängigkeit der russischen Zentralbank zuwider läuft. Damit ist sie parteiisch, denn sie verfolgt auch kommerzielle Interessen.

Alle aufgeführten Probleme gilt es zu lösen, was sicherlich sehr schwierig sein wird.

Eine ermutigende Tendenz, die in der Russischen Föderation kürzlich eingesetzt hat, ist die Vergabe von Verbraucherkrediten, was dem Konsum insgesamt einen Schub geben wird. Allerdings sind die Zinsen in Russland noch recht hoch, außerdem ist diese Art von Krediten auch noch nicht überall präsent.

Abschließend lässt sich sagen, dass die Bankenreform sehr wichtig für die Transformation Russlands in eine wahre Marktwirtschaft sein wird. Die Wirtschaft muss mit Kapital versorgt werden, was bisher nicht in ausreichendem Maße der Fall ist. Die Risiken des russischen Bankensektors werden nochmals zusammenfassend bei der Risikobetrachtung im Abschnitt 3.5.1 dargestellt.

2.3.10. Entwicklung der kleinen und mittelständischen Unternehmen

In Russland ist der Mittelstand unterentwickelt. Dies hängt mit einer Reihe von Gründen zusammen. Erstens war die Steuerlast für viele Unternehmen nicht tragbar, vor allem vor dem Hintergrund, dass die tatsächliche Steuerlast viel höher lag als vom Gesetz proklamiert. Daran haben auch die Steuerreformen bislang nichts geändert. Gesamtwirtschaftlich ist eine Entlastung zu spüren, allerdings nicht in Bezug auf die kleinen und mittelständischen Unternehmen (KMU).
Es wird der Eindruck erweckt, dass man diese Kategorie von Unternehmen bisher doch recht stiefmütterlich behandelt hat, obwohl die Förderung des Mittelstandes als Priorität der russischen Regierung angegeben wurde.
Den russischen Mittelstand kann man nur sehr bedingt mit dem deutschen vergleichen. Er ist von der Größe her viel kleiner und kommt somit für Kooperationen oft nicht in Frage. Dies ist auch der Grund, weshalb viele deutsche Mittelständler eher eine Partnerschaft mit russischen Großunternehmen eingehen.

Der russische Mittelstand kommt fast gar nicht an Bankkredite heran, da seine Haftungsbasis in der Regel unzureichend ist, und keine Bank dieses Risiko tragen möchte.
Nennenswert ist noch die Tatsache, dass nicht einmal 15 Prozent aller russischen Unternehmen zum Mittelstand gehören. In Deutschland dagegen haben wir fast ausschließlich mittelständische Unternehmen mit 96 Prozent.

In der Russischen Föderation sind knapp 15 Prozent in mittelständischen Unternehmen beschäftigt, in Deutschland dagegen 80 Prozent.

2.3.11. Abschlussbemerkung

Trotz der Vielzahl der Reformen, die bereits auf den Weg gebracht wurden, und trotz der guten makroökonomischen Daten schneidet Russland in einer Studie der Wirtschaftsprüfungsgesellschaft Ernst & Young vom Juli 2003 schlechter ab als die neuen EU-Staaten.
Deutsche Unternehmer bewerten Russland in punkto rechtliche Rahmenbeingungen, Infrastruktur und allgemeine Wirtschaftslage eher negativ.[29]
Dabei fällt die Bewertung derjenigen Unternehmen, die noch nicht in Russland investiert haben, deutlich schlechter aus. Bei ihnen scheint die Angst vor einem Engagement doch recht hoch zu sein. Deshalb ist es jetzt enorm wichtig, dass Russland die Reformen gegen alle Widerstände resolut nach vorne treibt. Nur so kann sichergestellt werden, dass Investitionen in Zukunft noch massiver ins Land fließen.
Ein Reformstau wird hinsichtlich Russlands viel negativer interpretiert als dies bei einem anderen Land der Fall ist. Auch für die Zukunft gibt es viele Bereiche, die reformiert werden müssen. Nur dann wird sich das Russlandbild vieler Investoren grundlegend ändern. Zu diesen zukünftigen Reformen, die der Vollständigkeit halber hier erwähnt werden sollen, zählen:

- Rentenversicherung
- Gesundheitswesen

Schwierige Vorhaben sind die Reformierung der natürlichen Monopole und der Kampf gegen die Korruption. Hierbei wird viel Kraft und vor allem auch Zeit benötigt. Man kann gewisse Traditionen, die sich im Laufe einer langen Zeit herausgebildet haben, nicht so einfach von heute auf morgen über Bord werfen. Deshalb sollte man fair mit Russland umgehen und nicht sofort mit dem Finger darauf zeigen, falls ein Reformvorhaben sich nicht so schnell wie gewünscht implementieren lässt.

---

[29] Ernst & Young, (2003): Investieren in Mittel- und Osteuropa, Investitionsprojekte deutscher Unternehmen – Erfahrungen, Trends und Herausforderungen.

3. Risiken in Russland

Enthusiasmus ist in Bezug auf Russland und den russischen Markt, wie die bereits erwähnte Studie von Ernst & Young gezeigt hat, nicht immer besonders ausgeprägt. Dies mutet manchmal etwas sonderbar an, denn die Kennzahlen und Wirtschaftsdaten Russlands sind bei weitem nicht so schlecht, wie der Pessimismus und die Ängste vieler deutscher Investoren vermuten lassen.

Gründe für den Pessimismus könnten psychologischer Natur sein. Immerhin existiert in vielen Köpfen noch die Vorstellung von den „bösen Russen", wie es zu Zeiten des Kommunismus der Fall war. Außerdem wird negativen Schlagzeilen aus Russland viel zu große Aufmerksamkeit geschenkt. Dies hängt aber ohne Zweifel mit dem negativen Russlandbild zusammen, wie es schon Jahrzehnte existiert.

Von derartigen Gedanken sollten sich Unternehmer dennoch entfernen, denn es gilt schließlich, neue Märkte zu erobern, persönliche Vorlieben sollten hierbei in den Hintergrund treten.

Die Furcht und der Pessimismus bezüglich Russlands hängen aber auch mit der schweren Finanzkrise von 1998 zusammen, die auch vielen deutschen Unternehmen herbe Verluste bereitet hat. Vor diesem Hintergrund ist die etwas ablehnende Haltung einiger Unternehmer durchaus nachvollziehbar.

Allerdings lässt sich in letzter Zeit immer mehr die Tendenz erkennen, dass deutsche Unternehmen die Chancen auf dem russischen Markt doch verstärkt erkennen und ein Engagement dort suchen. Die Chancen, die sich bieten, werden im Abschnitt 4 ausführlich behandelt.

Im folgenden Verlauf der Studie sollen die Risiken in der Russischen Föderation näher betrachtet werden. An dieser Stelle sei angemerkt, dass es eine Reihe von Risiken und Chancen gibt, die wohl auf alle Gruppen von Investoren zutreffen, andererseits existieren aber Risiken, die branchenspezifisch sind und sich nicht auf die Ganzheit der Unternehmen beziehen.

Deutsche Unternehmen, die Russland als Absatzmarkt erschlossen haben bzw. erschließen wollen, müssen sich sehr gründlich Gedanken machen und alle Risiken sorgfältig abwägen. Das allzu blauäugige Hineinwagen auf den

russischen Markt, wie es dennoch viel zu oft von deutschen Unternehmen praktiziert wurde und immer noch praktiziert wird, soll nicht zur Nachahmung empfohlen werden. Oft kann ein solches Vorgehen gut gehen, aber es besteht eben ein nicht kalkulierbares Risiko.
Bei einem Misserfolg wird oft dem russischen Markt die Schuld gegeben, obwohl hier das Fehlverhalten der deutschen Unternehmen der ausschlaggebende Grund für ein Scheitern war.

3.1. Fehlende bzw. mangelnde Rahmenbedingungen in der Russischen Föderation

Ein nicht zu unterschätzendes und oft genanntes Risiko sind die Rahmenbedingungen in der Russischen Föderation, insbesondere die rechtlichen.
Russland präsentiert sich zwar als stabiler Staat, was nicht zuletzt durch das breit angelegte Reformwerk erreicht wurde. Dennoch ist eine Inkonsequenz in der russischen Politik nicht von der Hand zu weisen, denn der Staat versucht einerseits möglichst wenig in das Wirtschaftsgeschehen und in die Mechanismen des Marktes einzugreifen, andererseits sind die Eingriffe dennoch massiv, und es wird somit eine Psychologie der Unvorhersagbarkeit geschaffen. Dies sind Faktoren, die zur Verunsicherung der Investoren führen.

Ein Beispiel für die Unvorhersehbarkeit der russischen Politik mit Wladimir Putin an der Spitze ist ganz eindeutig der Fall Yukos. Trotz der Zusicherung der Regierung, das Unternehmen nicht zerschlagen zu wollen, wurde dennoch knallhart gegen den Konzern vorgegangen, wobei es in der Presse nur Mutmaßungen gab, worin die wahren Gründe für den beobachteten Interventionismus lagen.
Es wird immer unterstellt, dass Putin gegen den sich in Haft befindenden Michail Chodorkowski vorgehen würde, da dieser zu große politische Ambitionen hatte und seine Wirtschaftsmacht[30] dazu nutzen wollte, auch politisch etwas zu erreichen. Vergessen wird aber oft die Tatsache, dass Yukos wahrlich große Steuerschulden hatte, die nun durch die Versteigerung der Förder-

[30] Laut der russischen Wochenzeitung „*Argumenty i fakty*"(Argumente und Fakten) (2004), Nr. 48 vom Dezember 2004, beläuft sich das Vermögen von Michail Chodorkowski auf 15,2 Mrd. US-Dollar.

tochter Yuganskneftegas, die Ende Dezember stattfand, eingetrieben wurden.

Wie dem auch sei, die wahren Beweggründe des Kremls sind sehr undurchsichtig und verschließen sich dem Beobachter von außen.
Natürlich waren die Umstände, unter denen es zur Zwangsversteigerung mit dubiosen Bietern kam, bei denen man nicht genau wusste, wessen Interessen sie nun vertraten, nicht besonders förderlich für das Ansehen Russlands. Russland, so scheint es, muss erst noch lernen, Krisen effektiv zu bewältigen und in seinen Aktionen beständig zu bleiben. Ansonsten wird man das negative Image, welches oft mit Russland in Verbindung gebracht wird, nicht so einfach ablegen können.

Um das Beispiel Yukos nochmals aufzugreifen, soll erwähnt werden, dass die Yukos-Aktie seit Beginn der Affäre 94 Prozent an Wert eingebüßt hat. Minderheitsaktionäre, unter denen auch viele Ausländer sind, erscheinen völlig rechtlos. Allein amerikanische Investoren haben ca. 3,8 Mrd. US-Dollar verloren.[31] Die Marktkapitalisierung des Unternehmens ist von 40 auf nur 2 Mrd. Dollar gefallen. Das Problem ist, dass der Staat sich immer in gewisse Angelegenheiten einmischen kann, wenn ihm das nach eigenem Gutdünken opportun erscheint. Dass dies Ängste schürt und investitionshemmend wirkt, leuchtet ein. Des Weiteren wissen viele Investoren nicht, wie lange der Reformweg noch beschritten und ob nicht schon morgen alles zu Ende sein wird. In Russland überstürzen sich oft die Ereignisse von einem auf den anderen Tag.

Zu den Rahmenbedingungen sollte noch erwähnt werden, dass die so genannten *Oligarchen* einen Großteil des Landes im Würgegriff halten und eventuell den Marktzutritt für viele deutsche Unternehmen erschweren bzw. unmöglich machen können, wenn sie spüren sollten, dass ihnen die Felle davon schwimmen. Eine Konzentration der Wirtschaftsmacht muss hier als Risiko gesehen werden.

---

[31] Telefongespräch vom 17.12.2004 mit einer Bekannten, die in einer Moskauer Wirtschaftsprüfungsgesellschaft als Wirtschaftsprüferin arbeitet.

Viele deutsche Unternehmen wissen, dass die russische Wirtschaft momentan aufgrund der günstigen Konstellation auf den Weltmärkten so stark wächst und sich dies als Eintagsfliege entpuppen könnte, falls die Preise für Öl fallen. Andererseits könnte aber auch der staatliche Einfluss auf das Wirtschaftsgeschehen, z.B. bei Steuernachforderungen gegen weitere russische Unternehmen, das Wachstum stark abbremsen. Es bestehen Befürchtungen, dass sich das Wachstum auf 2,8 Prozent für das Jahr 2005 sinken könnte.

Der russische Staat hat unlängst Forderungen gegenüber dem Telekommunikationsunternehmen Vimpelcom geltend gemacht, eine Reihe anderer Firmen wird von Nachforderungen sicherlich auch nicht mehr lange verschont bleiben.
Durch ein derartiges Vorgehen wird alles bisher Erreichte wieder zunichte gemacht. Dies kann nicht im Interesse Russlands liegen, denn es ist das primäre Ziel, Investoren ein Gefühl von Sicherheit zu vermitteln.
In den Augen vieler Investoren besteht natürlich weiterhin die Furcht, dass das „russische Wirtschaftswunder" abrupt enden und alles, was bis zu diesem Zeitpunkt erreicht worden ist, umgekehrt werden könnte, so zum Beispiel in Bezug auf den Schutz der getätigten Investitionen. Der Staat könnte nach Ansicht vieler Unternehmen repressive Maßnahmen ergreifen und die Investoren eventuell enteignen.
Gebremst werden könnte das russische Wachstum durch einen Verfall der Weltmarktpreise für Rohstoffe, die fast ausschließlich die Struktur der russischen Exportwirtschaft dominieren. Viele Investoren fürchten, dass, wenn dieses Ereignis eintreten sollte, die gesamte Situation im Lande sich schnell zu ihren Ungunsten ändern könnte.

3.1.1. Unklare und widersprüchliche Gesetzeslage in der RF

Problematisch ist in Russland oft die unklare Gesetzeslage. Einige Gesetze lassen sich auf unterschiedliche Weise interpretieren, was wiederum zu Konflikten mit dem Gesetzgeber führen kann. Auch wenn Änderungen in einem Gesetzbuch vom Gesetzgeber vorgenommen wurden, heißt dies noch lange nicht, dass alles reibungslos funktionieren wird. An dieser Stelle soll ein Beispiel angeführt werden, das deutlich belegt, wie Änderungen in der Gesetzgebung die Investitionsbedingungen in Russland negativ beeinflussen können.[32] Bei der Betrachtung der Reformen im Abschnitt 2.3, Punkt (3) wurde über die Abschaffung bestimmter Steuervergünstigungen bezüglich der Gewinnsteuer gesprochen, was die Steuerlast für einige Unternehmen z.T. erhöht hat. Es wurde bereits darauf eingegangen, dass die russischen Regionen bestimmten Investoren 4 Prozent weniger Gewinnsteuern berechnen können. In Russland gab es einige so genannte Offshore-Zentren[33], die durch niedrigere Gewinnsteuern Investoren anlocken wollten, was auch sehr gut klappte, da die Steuereinsparungen doch beträchtlich waren. Investoren schlossen Verträge mit der Verwaltung der jeweiligen Offshore-Zone und schrieben darin die Vergünstigungen fest.

Im August 2001 wurden Änderungen im zweiten Teil der Steuergesetzgebung vorgenommen. Unternehmen, die bis zum 1. Juli 2001 mit den Regionalbehörden ein Investitionsabkommen geschlossen hatten, konnten vollständig von der Zahlung der Gewinnsteuer in den regionalen und munizipalen Haushalt befreit werden, so dass die Steuerlast von maximal 24 Prozent auf nur 7,5 Prozent sank. Diese Vergünstigungen konnten bis zum durch den Vertrag geregelten Endzeitpunkt in Anspruch genommen werden. Dies war der Anstoß für einen wahren Andrang vieler russischer und auch ausländischer Unternehmen, die alle plötzlich Niederlassungen und Vertretungen in den aufgezählten Offshore-Regionen eröffneten. Zu diesen Unternehmen zählten vor allem solche aus der Erdöl verarbeitenden Industrie. Da weniger Geld in den regionalen Haushalt floss, machte sich dies auch auf den föderalen Haushalt bemerkbar. Der Staat erkannte recht schnell, dass durch die vorgenommenen Änderungen im Steuergesetzbuch viele Unternehmen ein Schlupfloch erhielten und auf legale Weise Gewinnsteuer sparten, indem sie ihre Tätigkeit in die begünstigten Regionen verlagerten. Dem Gesetzgeber fiel dann nichts anderes ein, als die Vergünstigungen bezüglich der Gewinnsteuer ab dem 1. Januar 2004 vollständig abzuschaffen, obwohl eine längere Geltungszeit durchaus im Vertrag vereinbart worden war, d.h. die Regionen können einen

[32] Email vom 03.01.2005 von I. G., die bei einer Moskauer Wirtschaftsprüfungsgesellschaft tätig ist.
[33] Mordowija, Kalmykija, Tschukotka, das Gebiet Leningrad, Pskov und Astrachan.

maximalen Nachlass von 4 Prozent gewähren, aber nicht mehr die regionale Gewinnsteuer ganz aussetzen.
So hatte Ford beispielsweise einen Vertrag mit der Regierung des Gebiets Leningrad ausgehandelt, der Vergünstigungen auf die Gewinnsteuer bis zum Jahre 2007 vorsah. Diese Vergünstigungen waren mit einer der ausschlaggebenden Gründe, weshalb die Firma Ford sich überhaupt dort niedergelassen hatte. Die Empörung bei den betroffenen ausländischen Investoren war groß. Schließlich wurde man in eine Region gelockt und hatte einen sattelfesten Vertrag in der Tasche und musste dann dennoch feststellen, dass dies alles nichts nütze. Natürlich spielte man in den Regionen die Gefahr für die Investoren herunter und bot Alternativen an, wie man die nun verbotenen Vergünstigungen anderweitig kompensieren konnte. Subventionen waren im Gespräch, allerdings gab es hier das Problem, ob die Regionen überhaupt dazu berechtigt waren. Des Weiteren war unklar, ob die Investoren dann Gewinnsteuer auf die Subventionen entrichten mussten. Man stellte den Investoren auch die Rückzahlung der zuvor von diesen geleisteten Summen aus dem regionalen Haushalt in Aussicht, d.h. der Investor sollte „in Vorleistung treten" und anschließend sollte diese Vorleistung wieder an ihn zurückfließen. Die Situation war für die Investoren äußerst unbefriedigend, denn keiner wusste so richtig, wie man dieses Problem aus der Welt schaffen konnte.

Für einige „Scheininvestoren" (vor allem russische Firmen der Ölbranche) mussten ehrliche Investoren, worunter sich auf ausländische befanden, gerade stehen und den Schlamassel ausbaden.
Durch eine voreilige und überstürzte Verabschiedung und Implementierung von Gesetzesänderungen wurde sehr viel Schaden angerichtet. Dies legt den Schluss nahe, dass in Russland nicht immer alle Konsequenzen einer Gesetzesänderung bedacht werden. Derartige Fehler steigern die Verunsicherung ausländischer Investoren und führen dazu, dass mit einem Engagement gewartet wird bzw. dass dieses überhaupt nicht stattfindet.
Eine derartige Vorgehensweise stellt ein unkalkulierbares Risiko dar gegen welches man sich eigentlich gar nicht absichern kann. Man kann nur hoffen, dass der russische Gesetzgeber hieraus auch seine Lehren gezogen hat und dies in der Zukunft nicht wieder vorkommen wird. Ein fader Nachgeschmack und ein mulmiges Gefühl im Bauch bleiben aber dennoch.

3.1.2. Das Risiko in den Regionen

Bezüglich der Regionen muss gesagt werden, dass die proklamierten Spielregeln nicht von allen Föderationssubjekten immer und zu jedem Zeitpunkt eingehalten werden, worin sich auch eine Art Konkurrenzkampf zwischen Zentrum und Regionen manifestiert.
Oft kann es beispielsweise in den Regionen zu Konflikten mit der dortigen Führung kommen. Wenn man die Behörden zum Feind hat, wird es für ein deutsches Unternehmen außerordentlich schwer sein, erfolgreich dort Fuß zu fassen. Das Engagement kann in solchen Fällen kläglich scheitern.
Durch die Ansiedlung deutscher Unternehmen in den Regionen Russlands erhalten viele Föderationssubjekte die Möglichkeit, von einem recht hohen Steueraufkommen zu profitieren, was eventuell früher nicht der Fall gewesen ist.
Viele Beamte der Steuerbehörden werden quasi dazu verleitet, viel öfter Betriebsprüfungen durchzuführen, als etwa durch das Gesetz erlaubt, vor allem bei den „dicken Fischen", bei denen tatsächlich etwas zu „holen" ist.
Deutsche Unternehmen sind hier machtlos, oft bringt es nichts, die Entscheidungen gerichtlich anzufechten, so dass man sich in vielen Fällen fügt, um das Verhältnis zu den regionalen Behörden nicht zu trüben bzw. vollends zu ruinieren.

Bei den allgemeinen Rahmenbedingungen ist hier noch das Phänomen der Korruption und der ausufernden Bürokratie zu nennen, zwei Hürden, die trotz starker Reformbemühungen noch nicht vollständig in den Griff bekommen wurden.
Beim *Corruptions Perception Index* 2004 (CPI) von *Transparency International* liegt Russland weit abgeschlagen auf Rang 95, mit 2,8 von 10 möglichen Punkten. Im Vergleich dazu belegt die Bundesrepublik den 15ten Platz mit 8,2 Punkten.[34] Dies bedeutet, dass in Russland quasi nur wenige Geschäfte sauber abgewickelt werden. Sehr oft ist eine Auftragsvergabe, z.B. im Rahmen einer Ausschreibung, oder auch die Durchführung von Aufträgen bzw. die Fortführung und Implementierung eines Projekts mit „Schmieren" von Be-

[34] Angaben laut *Transparency International*, Bericht 2004. Weitere Informationen unter http://www.transparency.org/cpi/2004/dnld/media_pack_german.pdf

amten verbunden. Ohne „Vitamin B“ kann man in Russland schnell an die Grenzen des Machbaren stoßen. Die russischen Beamten sind oft allzu gerne bereit, Hilfestellung zu leisten, allerdings erst nachdem die richtige Prozedur eingehalten worden ist. In Russland gedieh die Korruption schon immer prächtig, selbst unter Peter dem Großen. Heutzutage sind auch die oft niedrigen Löhne von Staatsbeamten ein Grund für die wuchernde Korruption.

3.1.3. Der Kostenfaktor – Probleme durch die Marktunvollkommenheit

Für Unternehmen, die sich in Russland ansiedeln möchten und die eventuell dort Teile montieren wollen, spielt der Kostenfaktor eine wichtige Rolle, was dazu führen kann, dass noch mit einem Engagement gewartet wird. Die Zollsätze sind für die Einfuhr von Zulieferteilen noch sehr hoch, d.h. es würde mehr Sinn machen, eine komplette Anlage oder Automobil direkt aus Deutschland einzuführen. Für die Zukunft sind aber bereits Änderungen in Sicht.

Die deutsche Automobilindustrie möchte den russischen Markt in Angriff nehmen, um dort zu Teile zu montieren. Dabei kann davon ausgegangen werden, dass große Konzerne wie Volkswagen oder Daimler Chrysler den russischen Politikern weit reichende Zugeständnisse abringen können.

Eine Niederlassung besagter Unternehmen würde Russlands Image weiter verbessern und könnte auch für eine Reihe anderer Branchen Signalwirkung haben.

Es ist zu erwarten, dass der WTO-Beitritt viele Probleme für deutsche Unternehmen aus der Welt schaffen wird, denn dann könnten viele Unternehmensteile nach Russland ausgegliedert werden. Gewaltige Kosteneinsparungen wären das Ergebnis.

3.1.4. Mangelnde bzw. mangelhafte Infrastruktur

Die Infrastruktur ist in der Russischen Föderation oft unzureichend entwickelt, vor allem außerhalb der Metropolen. Dies kann ein erhebliches Risiko für deutsche Unternehmen bergen. Denn falls Unternehmen den Schritt wagen und Produktionsstätten in Russland eröffnen, also den Weg der Direktinvesti-

tionen mit Kapitaltransfer beschreiten, und auf eine fristgerechte Lieferung von Material und Teilen angewiesen sind (just in time Lieferungen), kann sich die schwache Infrastruktur sehr negativ auswirken auf die Produktion. Es kann mitunter zu Produktionsunterbrechungen und dem Stillstehen von Förderbändern kommen. Es ist deshalb vorher genau zu überlegen, ob man mit diesem Risiko leben und wie man es unter Umständen eliminieren kann.
Die deutsche Automobilindustrie bereitet momentan den ganz großen Sprung in die Russische Föderation vor. In Deutschland hängt in dieser Branche primär alles von der rechtzeitigen Lieferung von Zulieferteilen ab.
In Russland wird sich dies nicht anders verhalten, denn immerhin soll der Aufbau eines allzu großen Lagers ausgeschlossen bleiben. Deshalb muss vorher die Situation genau geprüft werden, um keine bösen Überraschungen zu erleben. Der Bereich Infrastruktur wird bei der Standortwahl ein wichtiger Faktor sein.
Falls die deutsche Automobilindustrie verstärkt nach Russland strömt, ist zu erwarten, dass die Automobilzulieferer ebenfalls den Schritt nach Russland wagen werden, um die Automobilhersteller zu beliefern. Auch die Zulieferer werden hier schwierige logistische Probleme zu lösen haben.

3.1.5. Qualität der in Russland verfügbaren Materialien und Rohstoffe

Ein nicht zu vernachlässigendes Risiko stellt auch die Tatsache dar, dass in Russland ansässige deutsche Unternehmen oft nicht auf Materialien und Vorprodukte in der benötigten Qualität zurückgreifen können. Dies kann sich als großes Problem entpuppen, denn notfalls kann es nötig werden, die Produkte eventuell in Deutschland zu besorgen. Dies kann die Kosten explodieren lassen, denn es braucht viel Zeit, um die Zwischenprodukte nach Russland zu transportieren.
Dieser Faktor wiegt noch schwerer, wenn man bedenkt, wie schwierig es oft ist, Waren, die für den russischen Markt bestimmt sind, zu verzollen.
Beim russischen Zoll ist man vor Überraschungen nie sicher. Notfalls können Warensendungen angehalten werden, der Weitertransport kann sich erheblich verzögern, und es können Kosten für die eventuell nötig werdende Lage-

rung der Waren anfallen. Es entstehen zusätzliche Kosten für den Transport nach Russland, die auch nicht zu unterschätzen sind.
In Russland gibt es das Problem, dass die verarbeitende Industrie nicht immer besonders gut entwickelt ist. Die Qualität der produzierten Güter lässt (vom Standpunkt der deutschen Firma) oft zu wünschen übrig. Dies lässt sich auch daran feststellen, dass beim russischen Export mehr oder weniger nur Rohstoffe ausgeführt werden, wohingegen Veredelungsstufen so gut wie nicht exportiert werden, da sie nicht konkurrenzfähig sind und sich keine Abnehmer finden lassen.
Deutsche Unternehmen (mit Produktionsstätte in Russland) können sich also in einem großen Dilemma befinden, wenn sie keine Teile in ausreichender Qualität auf dem russischen Markt finden. Deshalb muss vorher genau analysiert werden, wo und von wem man Teile beziehen wird. Einer Qualitätsprüfung wird im Vorfeld eine große Bedeutung zukommen.

In Russland steht man zusammenfassend vor folgendem Problem:
Zum einen findet man in der Russischen Föderation nicht die benötigten Güter in der geforderten Qualität vor, zum anderen ist der Import nach Russland oft zolltechnisch problematisch, da die Kosten rasant in die Höhe getrieben werden können, was unter Umständen nicht lohnend sein kann.
Deshalb sollten auch die Importzölle dringend einer ständigen Prüfung unterliegen, um nicht erst im Falle eines Falles von diesem Problem Kenntnis zu erhalten.

3.1.6. Informationsbeschaffung

Ein nicht zu unterschätzendes Problem stellt in Russland die Informationsbeschaffung dar. Es ist oft sehr schwierig, verlässliche Informationen über Kunden oder potentielle Geschäftspartner einzuholen.

Dies hängt in Russland mit folgenden Gründen zusammen:

- Viele Unternehmen existieren erst kurze Zeit, über sie ist so gut wie nichts bekannt. Es gibt fast keine Information dazu.
- Handelsregistereinträge sagen in Russland nicht viel aus im Gegensatz zu Deutschland, d.h. es besteht kein Anspruch auf Richtigkeit.

- Viele russische Unternehmen versuchen ihre Gewinne zu verschleiern, um einer ihrer Meinung nach überhöhten Besteuerung zu umgehen. Deshalb sind die Daten, die man vorfinden kann, oft nicht aussagekräftig genug, um daraus Schlüsse über die wahre finanzielle Situation des Kunden oder Geschäftspartners abzuleiten. Eine vollständige Transparenz der Finanzlage ist also zu keinem Zeitpunkt gewährleistet.

Die Informationsbeschaffung ist also äußerst unzuverlässig, sie kann mitunter falsche Daten liefern, aufgrund derer dann für das deutsche Unternehmen zum Teil fatale Entscheidungen getroffen werden können.

3.1.7. Das Problem der Kooperation mit russischen KMU

Es wurde bereits angesprochen, dass es für deutsche Unternehmen oft problematisch ist, einen geeigneten Kooperationspartner vor Ort zu finden. Man bedenke, dass es in Deutschland sehr viele kleine und mittelständische Unternehmen gibt, die nicht mit russischen zu vergleichen sind.
Der Bereich KMU ist in Russland trotz Ansagen zur Verbesserung der Lage noch unterentwickelt. Russische KMU sind beispielsweise viel kleiner als deutsche, was eine Kooperation oft scheitern bzw. bereits im Vorfeld bei der Auswahl eines Partners unmöglich macht. Deutschen Unternehmen blieb bisher nichts anderes übrig, als sich mit viel größeren russischen Unternehmen zusammenzutun, was oft eine ungleiche Allianz darstellte. Auch dies ist keine optimale Lösung, dennoch sind Kooperationspartner oft ein Muss, auch wenn die Größenverhältnisse nicht stimmen.

3.1.8. Nichttarifäre Handelshemmnisse – die Zertifizierungsvorschriften in der Russischen Föderation

Bei der Einfuhr von Maschinen und Anlagen ist ein Zertifikat obligatorisch.[35] Zuständig ist in Russland das Staatliche Komitee der Russischen Föderation für Standardisierung, Metrologie und Zertifizierung GOSSTANDART.

[35] *Wegweiser GmbH / BDI* (2002), Seite 108–110.

Für einige andere Güter, etwa aus dem Nahrungsmittelbereich, können außerdem andere Zertifikate nötig werden, wie z.B. das Hygienezertifikat oder Zertifikate, die den Betrieb von Produkten erlauben.
Ohne die genanten Zertifikate (die von Fall zu Fall variieren) darf kein Import erfolgen. Deshalb muss der deutsche Hersteller derartige Zertifikate besorgen, die natürlich Geld kosten und bei der Kalkulation des Verkaufspreises berücksichtigt werden und auf den russischen Kunden über den Kaufpreis abgewälzt werden müssen.
Oft wird in der Zertifizierung ein willkürliches Mittel und zusätzliche Einnahmequelle für die russische Seite gesehen, denn in Deutschland sind die Vorschriften über Betriebssicherheit streng und sicherlich ausreichend. Dennoch muss sich der deutsche Exporteur hier fügen. Mit dem WTO-Beitritt wird sich allerdings diese Praxis sicherlich ändern, denn eine eigene Zertifizierungsvorschrift für Russland steht sicherlich nicht in Einklang mit freiem und ungehindertem Handel. Interessant ist in diesem Zusammenhang die Tatsache, dass China, obwohl es WTO-Mitglied ist, trotzdem an einer eigenen Zertifizierung festhält. Abzuwarten bleibt, ob Russland sofort die Zertifizierungsvorschriften abschaffen oder eine längere Übergangszeit für sich fordern wird.

3.1.9. Exportzölle

Problematisch aus der Sicht deutscher Unternehmen, die eine eigene Betriebsstätte in der Russischen Föderation gründen oder eine Tochtergesellschaft gegründet haben, sind Exportzölle, insbesondere dann, wenn aus Russland die dort gefertigten Waren und Güter in andere Länder exportiert werden sollen. Dies ist ein zusätzlicher Kostenfaktor, der unter keinen Umständen vernachlässigt werden sollte.
Einige Güter sind von Exportzöllen befreit (um welche Güter es sich handelt kann man in einer Ausfuhrliste nachschlagen), für den Rest gilt folgender Verrechnungssatz:

- 0,1 Prozent in Rubeln von der gesamten Vertragssumme
- 0,05 Prozent in Devisen von der gesamten Vertragssumme

Oft hört man Experten von Russland als „Sprungbrett“ in andere GUS[36]-Märkte sprechen. Durch die Erhebung von Exportzöllen wird diese Aussage etwas in ihrer Bedeutung relativiert, obwohl sie im Kern zutreffend sein kann, diese Aussage bezieht sich aber mehr auf die geographische Lage Russlands und die lange Tradition beim Bearbeiten der genannten Märkte.
Der Tatsache, dass Exportzölle existieren, sollte bei einem Engagement auf dem russischen Markt Beachtung geschenkt werden. Diese Frage wird insbesondere dann interessant, wenn man vom russischen Markt aus weitere bedienen möchte.

3.2. Steuerliche und devisenrechtliche Aspekte

Steuerliche Aspekte können auch Gefahren bergen. Deshalb muss, um keine finanziellen Nachteile zu erleiden, genau überlegt werden, welche Art von Engagement die geringsten Risiken bietet. An dieser Stelle soll nur ein kurzer Überblick über die steuerlichen Besonderheiten gegeben werden.

3.2.1. Gewinnrückführung je nach Engagement

Wer investiert, will sicherstellen, dass er Gewinne, die er in Russland erwirtschaftet auch problemlos nach Deutschland rückführen kann. Ansonsten würde niemand auf die Idee kommen, in dieses Land zu investieren. Die Gewinnrückführung bzw. die Modalitäten, wie dies geschieht, hängt maßgeblich von der Art des Engagements des deutschen Unternehmens ab.
Es ist beispielsweise zu unterscheiden, ob ein deutsches Unternehmen reinen Direktexport betreibt oder ob in Russland eine Repräsentanz, Filiale, Tochterunternehmen oder eigene Fertigungsstätte vorhanden ist.
Beim Direktexport und im Falle einer Repräsentanz, die nur Geschäfte anbahnt, ohne die Befugnis zum Geschäftsabschluss zu haben (also keine Betriebsstätte[37] darstellt), gibt es bezüglich der Gewinnrückführung nichts weiter zu beachten.

---

[36] Gemeinschaft Unabhängiger Staaten.

[37] Eine Betriebsstätte ist nach der Definition des Doppelbesteuerungsabkommens zwischen Deutschland und Russland eine feste Geschäftseinrichtung durch die die Tätigkeit eines Unternehmens ganz oder teilweise ausgeübt wird. Hierzu zählen Zweigniederlas-

Eine Filiale oder Niederlassung ist dagegen in Russland gewinn- und vermögenssteuerpflichtig, d.h. der Gewinn, der rückgeführt werden soll, wird um die Gewinn- und Vermögenssteuer und um die Mehrwertsteuer gemindert.
Bei Tochterunternehmen erfolgt die Gewinnrückführung über Dividenden, worauf in Russland Quellensteuer zu entrichten ist, die in der Regel 15 Prozent beträgt, in einigen Fällen (abhängig von Höhe der Beteiligung an der Tochtergesellschaft) bis auf 5 Prozent reduziert werden.

Lizenzen beispielsweise unterliegen nach dem Doppelbesteuerungsabkommen (DBA) zwischen Russland und Deutschland, das am 1. Januar 1997 in Kraft trat und den Zweck hat, eine Doppelbesteuerung sowohl in Russland als auch in Deutschland zu vermeiden, nicht der russischen Quellensteuer. Nicht eindeutig ist, ob Lizenzgebühren der Mehrwertsteuer unterliegen.

Auf Zinsen (wenn z. B. die deutsche Muttergesellschaft Darlehen an die russische Tochterfirma gewährt und diese dann Zinsen an die deutsche Mutter zahlt) wird eine Quellensteuer in Höhe von 20 Prozent erhoben, es existiert allerdings die Möglichkeit, die Zinsen von der Quellenbesteuerung zu befreien, wenn die deutsche Muttergesellschaft den russischen Finanzbehörden nachweist, dass sie in Deutschland steuerpflichtig ist. Wichtig ist auch die Tatsache, dass die Zinsen nicht übermäßig hoch sein dürfen, denn dann könnten sie als Dividenden charakterisiert werden und der Quellensteuer unterliegen.

Es ist wichtig zu wissen, dass das Doppelbesteuerungsabkommen Vorrang vor dem russischen Gesetz über die Besteuerung der Gewinne ausländischer juristischer Personen hat. Deutsche Unternehmen sollten hier Dienstleistungen von Wirtschaftsprüfungsgesellschaften und international tätigen Steuerberatern in Anspruch nehmen, da diese die doch recht detaillierten Bestimmungen des russischen Steuerrechts kennen und helfen können, Fehler zu vermeiden, die sich in zusätzlichen Kosten niederschlagen können.

---

sungen, Fabrikationsstätten, Werkstätten oder ein Ort der Leitung. Vgl. *Wegweiser GmbH / BDI* (2002), Seite 86.

3.2.2. Devisenrechtliche Bestimmungen

Als Risikofaktor könnte man auch die devisenrechtlichen Bestimmungen der Russischen Föderation bezeichnen. Die Regulierung ist sehr stark, was nicht verwundert, wenn man bedenkt, wie hoch die Kapitalflucht aus Russland ist. An dieser Stelle werden nur die wichtigsten Punkte genannt, da die Regulierung doch sehr in die Tiefe geht und deshalb hier nicht in aller Ausführlichkeit behandelt werden kann. Die Beherrschung aller Einzelheiten grenzt fast an Kunst, wenn man sich die Fülle der vielen unterschiedlichen Regelungen, die recht kompliziert sind, vor Augen führt.

Deutsche Unternehmen sollten auf jeden Fall die Begriffe „Deviseninländer“ und „Devisenausländer“[38] unterscheiden. So gilt beispielsweise eine juristische Person, auch mit ausländischer Kapitalbeteiligung, deren Gründung nach russischer Gesetzgebung erfolgte und die in Russland ansässig ist, als Deviseninländer. Bei dieser juristischen Person könnte es sich in der Praxis z.B. um ein russisch-deutsches Joint Venture handeln. Eine Vertretung oder Niederlassung eines deutschen Unternehmens mit Sitz in der RF gilt laut russischem Devisengesetz als Devisenausländer. Für Deviseninländer sind die Bestimmungen des russischen Devisengesetzes auch entsprechend strenger, da hier immer der potentielle Wille zur Kapitalflucht immanent ist bzw. unterstellt wird.

Sowohl Deviseninländer als auch Devisenausländer dürfen in Russland verschiedene Konten[39] unterhalten. Es müssen allerdings die Voraussetzungen für eine Kontoeröffnung erfüllt werden. Zuerst muss eine Anmeldung beim zuständigen Steueramt erfolgen. Danach kann ein Antrag über die Eröffnung von Konten bei einer Bank eingereicht werden. Die Vielzahl an Dokumenten, die beigebracht werden müssen, spricht dafür, dass es sich hierbei doch um eine recht bürokratische Prozedur handelt. Zu diesen Dokumenten zählen u.a. ein Auszug aus dem Handelsregister, das Statut, der Gesellschaftsvertrag, das Gründungsprotokoll und viele weitere Dokumente. Zu beachten ist

---

38 Erschöpfende Darstellung der beiden Begriffe bei *Wegweiser Gmbh / BDI* (2002) – Wirtschaftspartner Russland 2003, Seite 128.

39 Z.B. existieren Konvertierbare (K-Konten) und Nichtkonvertierbare Konten (N-Konten), die beide zu den Rubelkonten gezählt werden. Daneben gibt es noch eine ganze Reihe anderer Konten wie die speziellen Konten für Finanz- und Realinvestitionen. Vgl. *Wegweiser Gmbh / BDI* (2002), Seite 130-136.

auch, dass Devisenkonten nur bei Banken eröffnet werden dürfen, die über eine Lizenz der russischen Zentralbank verfügen.

Falls ein Deviseninländer einen bestimmten Rubelbetrag auf ein russisches Rubelkonto einen Devisenausländers (etwa eine juristische Person, die nach ausländischem Recht gegründet wurde und ihren Geschäftssitz im Ausland hat) überweisen möchte, kann die Vorlage der Vertragsdokumente notwendig werden, falls eine bestimmte Summe überschritten wird (derzeit 500 russische Minimallöhne). Weiterhin muss beachtet werden, dass alle Transaktionen, die auf Rubel- oder Devisenkonten von Devisenausländern verrechnet werden, unbar sein müssen. Ausnahmen stellen Dienstreisen dar, für die Mitarbeiter von Firmen etwa mit Devisen ausgestattet werden. Hier ist eine Barverfügung erlaubt.

Aufgrund der genannten Tatsache der starken Kapitalflucht ist der Devisenerwerb in Russland durch Deviseninländer starken Beschränkungen unterworfen. Es müssen bestimmte Kriterien erfüllt sein, damit Devisen erworben werden können. Hierzu zählt beispielsweise die Tilgung und Zinszahlung für Fremdwährungskredite, die durch eine russische Bank gewährt wurden. Für die Überweisung der zugeteilten und auf dem russischen Devisenmarkt gekauften Devisen existieren so genannte „spezielle Transit-Devisenkonten", von denen die Devisen dann innerhalb einer bestimmten Frist (sieben Tage) z.B. an einen Exporteur in Deutschland überwiesen werden müssen.

Auch bei Export- und Importgeschäften (aus Sicht einer russischen Firma) besteht starke Regulierung, denn es soll sichergestellt werden, dass beim Export Devisen in voller Höhe nach Russland gelangen und dass beim Import der Wert der eingeführten Güter und Waren der Höhe der aus Russland abfließenden Devisen entspricht. So sind z.B. Importe nach Russland genehmigungspflichtig, wenn der russische Importeur eine Vorauszahlung des Kaufpreises leistet und die Maschine / Anlage / Ware später als 90 Tage nach erfolgter Bezahlung geliefert wird.
Sowohl beim Import als auch beim Export müssen so genannte „Import- und Exportpässe" ausgestellt werden, die genau dokumentieren wann, wofür, und

in welcher Höhe Devisen gezahlt wurden bzw. eingegangen sind. Nur dadurch lässt sich der Zahlungsverkehr in der RF ordnungsgemäß durchführen. In Zusammenhang mit devisenrechtlichen Aspekten ist auch der Zwangsumtausch von Devisenerlösen aus Exportgeschäften zu nennen.
Wie bereits im Abschnitt 2.3.5. erwähnt wurde, müssen 25 Prozent der erlösten Devisen in russische Rubel umgetauscht werden. Dies könnte deutsche Niederlassungen in Russland betreffen.

Als Problemfelder sind hier die Inflation oder eine Rubelentwertung zu nennen, die den Wert der Erlöse somit schwinden lassen. Ab dem 1. Januar 2005 soll der in Rubel umzutauschende Teil des Devisenerlöses nur noch 10 Prozent betragen. Eine Besserung ist also in Sicht. Langfristig ist sogar der völlige Verzicht auf einen obligatorischen Devisenumtausch vorgesehen.

Die vorstehenden Ausführungen haben gezeigt, wie detailliert und kompliziert die Bestimmungen des russischen Devisenrechts sind. Derartige Bestimmungen mögen zwar vom russischen Standpunkt gerechtfertigt sein, sie hemmen dennoch den Zahlungsverkehr und komplizieren an für sich recht einfache Sachverhalte.
Zu erwähnen ist auch der enorme Zeitaufwand, der mit der Abwicklung des Zahlungsverkehrs in der Russischen Föderation verbunden ist.
Die genannten Regulierungsmaßnahmen wirken sich meiner Meinung nach ungünstig auf Investitionen deutscher Unternehmen aus, da sehr viele Formalitäten zu beachten sind. Es bleibt zu hoffen, dass es für die Zukunft zu Vereinfachungen und zu einem Abbau der Regulierung kommt.
Deutsche Unternehmen sollten dem Bereich „Zahlungsverkehr“ viel Aufmerksamkeit schenken und sich ständig über Änderungen informieren.

3.3. Vertragsgestaltung

Die Vertragsgestaltung[40] zählt zu den rechtlichen Aspekten und ist für ein Engagement auf einem Auslandsmarkt wie Russland von enormer Bedeutung. Sie kann sich in der Praxis als recht problematisch erweisen, insbeson-

[40] *Detzer, Klaus*, Fach Wirtschaftsrecht II im Rahmen des Studiums „MBA – International Marketing“ an der ESB Reutlingen, Skript „Recht 6: Internationale Lieferverträge“.

dere dann, wenn eine deutsche Firma die Rechtslage in Russland nicht oder nur ungenügend kennt. Es kann zu unerfreulichen Überraschungen kommen. In den folgenden Abschnitten soll ein Überblick über die wichtigsten Risiken und Probleme bei der Vertragsgestaltung geliefert werden. Für deutsche Investoren bzw. Exporteure sind insbesondere die Anerkennung und Vollstreckung von Entscheidungen staatlicher Gerichte, die Schiedsgerichtsbarkeit sowie der Eigentumsvorbehalt von Bedeutung.
Aus diesem Grunde sollten Verträge mit russischen Partnern durchdacht sein und die Vertragsgestaltung sehr ernst genommen werden. Mit einem guten Vertrag lebt es sich leichter in Russland.

3.3.1. CISG[41] und anwendbares Recht

In Verträgen, in denen keine Rechtswahl getroffen wurde, gilt bei Kaufverträgen automatisch das UN-Kaufrecht. Dabei findet die UN-Kaufrechtsonvention vom 11.04.1980 Anwendung (CISG), da sowohl Russland als auch Deutschland diese Konvention unterzeichnet haben.
Das UN-Kaufrecht deckt leider nicht alle rechtlichen Bereiche ab, so dass das Internationale Privatrecht Russland bzw. Deutschlands Gültigkeit haben. In der Regel findet dann das Recht des Staates Anwendung, in dem die Partei, welche die vertragstypische Leistung erbringt, ihren Sitz hat. Im Falle eines Exportgeschäfts nach Russland würde also das Recht des Sitzstaates des Exporteurs, d.h. in diesem Falle deutsches Recht, Anwendung finden.
Wie bereits erwähnt wurde, gibt es Lücken in der UN-Kaufrechtskonvention. Dazu zählt beispielsweise die inhaltliche Kontrolle von Allgemeinen Geschäftsbedingungen (AGB). Auch bei der Verjährung von Ansprüchen bietet das CISG keine Lösung.
In Bezug auf Russland muss beachtet werden, dass Verträge nicht formlos geschlossen werden können, obwohl dies nach Artikel 11 CISG vorgesehen ist. Russland behält sich hier vor, auf anderweitigen Regelungen zu bestehen. Und das obwohl Russland die UN-Kaufrechtskonvention unterzeichnet hat.

[41] Convention on Contracts for the International Sale of Goods.

Das CISG kann allerdings per Vertrag ausgeschlossen werden. Es kann dann auch das nationale Recht, z.B. deutsches Recht vereinbart werden. In Verträgen mit russischen Partnern kann man in der Praxis häufig beobachten, dass die deutsche Partei deutsches Recht vereinbart. Sie lassen sich dabei vom Gedanken leiten, dass ihnen ihr Heimatrecht bekannt ist und somit keine Schwierigkeiten entstehen.
Diese Rechtswahl ist in der Praxis allerdings nicht immer vorteilhaft, es kommt hier auf den Leistungsumfang aus dem Vertrag an, anhand dessen dann besser entschieden werden kann, durch welche Rechtswahl im Zweifel die Interessen besser geschützt werden.
Traditionell gilt das deutsche Recht als verkäuferfreundlicher als das russische, dies muss aber in jedem einzelnen Fall erneut geprüft werden, da es in Russland ständig Neuerungen gibt, und man deshalb die Rechtslage regelmäßig verfolgen muss.

Es gibt in Russland mittlerweile auch deutsche Anwälte, die sich dort niedergelassen haben, das russische Recht sehr gut kennen und mit dem deutschen vergleichen können. An solche Anwaltskanzleien kann man sich wenden, wenn man Rechtsberatung braucht.

3.3.2. Die Anerkennung und Vollstreckung staatlicher Urteile

Bei der Anerkennung und Vollstreckung von Urteilen ist zu prüfen, ob das Gegenseitigkeitsprinzip gilt, d.h. ob es zwischen zwei Staaten ein Abkommen gibt, wonach die Anerkennung und Vollstreckung von Urteilen geregelt und sichergestellt wird.
Im Falle Russlands gibt es kein Abkommen über die Anerkennung und Vollstreckung von Urteilen ordentlicher deutscher staatlicher Gericht, d.h. das Gegeneitigkeitsprinzip ist nicht garantiert.
Wenn also ein deutsches Unternehmen ein ordentliches Zivilgericht an seinem Wohn- oder Geschäftssitz vereinbart, sollte es wissen, dass ein Urteil dieses Gerichts in Russland nicht anerkannt und nicht vollstreckt werden wird. Aufgrund des Gegenseitigkeitsprinzips würden Urteile russischer Gerichte ebenfalls nicht in Deutschland anerkannt werden. Die Urteile werden folglich auch nicht vollstreckt, weder in Deutschland noch in Russland.

Die Vereinbarung eines deutschen staatlichen Gerichtes ist somit nicht immer die klügste Entscheidung, obwohl sie für ein deutsches Unternehmen auf den ersten Blick recht vorteilhaft und nahe liegend erscheinen mag. Dennoch stößt man in der Praxis auf die Vereinbarung des deutschen Gerichtsstandes. Diese Gerichtsstandsklausel ist dann wirkungslos, da die Anerkennung und Vollstreckbarkeit des deutschen Urteils in der Russischen Föderation nicht gegeben ist.
Problematisch kann es z.B. werden, wenn der russische Partner die deutsche Firma vor russischen Gerichten verklagt und angibt, die gelieferten Maschinen wären mit irgendwelchen Mängeln behaftet gewesen.
Eine derartige Klage sollte das deutsche Unternehmen sehr ernst nehmen und nicht etwa glauben, es wäre alles so einfach, da aufgrund fehlender bilateraler Abkommen zwischen Deutschland und Russland in Deutschland nicht vollstreckt werden würde. Hierbei gilt zu bedenken, dass die deutsche Firma eventuell Vermögen in Russland haben kann, das durchaus auch nur aus Forderungen gegenüber dort ansässigen Kunden besteht. Unter Eigentumsvorbehalt gelieferte Ware gilt genauso als Vermögen. In dieses könnte dann in Russland vollstreckt werden und die ganze Freude der deutschen Partei wäre dahin. Es bestünde auch die Gefahr, dass in Drittstaaten ebenfalls vollstreckt wird, die eventuell mit Russland ein Vollstreckungs-Abkommen geschlossen haben.
Deshalb müssen Urteile russischer, aber auch ausländischer Gerichte generell, immer sehr ernst genommen und mit äußerster Sorgfalt betrachtet werden. Aber auch hierfür gibt es Abhilfe, nämlich durch die Vereinbarung von Schiedsgerichten, die im folgenden Punkt näher behandelt werden.

3.3.3. Schiedsgerichtsbarkeit

Anstatt einen deutschen Gerichtsstand zu vereinbaren, sollte ein deutsches Unternehmen ein Schiedsverfahren vor einem internationalen Schiedsgericht vorziehen, da dadurch die Vollstreckbarkeit gewährleistet ist und, was auch enorm wichtig ist, die Zuständigkeit staatlicher russischer Gerichte ausgeschlossen ist, d.h. derogiert wird. Deutsche Schiedsurteile (und umgekehrt) werden in der Russischen Föderation anerkannt und vollstreckt, da Russland wie auch Deutschland Parteien des New-Yorker-Übereinkommens über die

Anerkennung und Vollstreckung ausländischer Schiedssprüche aus dem Jahre 1958 sind.
In der Praxis wird bei Lieferverträgen mit Russland oft das Schiedsgericht der Handelskammer Stockholm vereinbart. Dies hat sich im Lauf der Zeit so eingebürgert. Generell kann man feststellen, dass die Vereinbarung eines Schiedsgerichts in der Praxis streitvermeidend wirkt, denn russische Geschäftspartner schrecken oft davor zurück, im Ausland Klage zu erheben. Es existiert in der Praxis auch ein kleines linguistisches Problem, denn mit dem russischen Begriff „Arbitragegericht“ ist häufig ein staatliches Wirtschaftsgericht gemeint. Hier muss die deutsche Partei sehr achtsam sein, um nicht den Fehler zu begehen und zu glauben, man hätte ein Schiedsgericht vereinbart. Dies könnte zu einer bösen Überraschung führen. Deshalb muss man diesen Punkt sehr genau im Vorfeld abklären.

3.3.4. Eigentumsvorbehalt

Da deutsche Unternehmen oft ein Zahlungsziel an den russischen Partner gewähren müssen, um überhaupt ein Geschäft abzuschließen, muss auf jeden Fall der Zahlungseingang oder aber der Eigentum an der Ware bis zu deren vollständigen Bezahlung durch die russische Seite sichergestellt werden.
Oft funktionieren im Russlandgeschäft die üblichen Finanzierungsinstrumente wie Akkreditive oder Wechselkredite nicht richtig (vgl. Abschnitt 3.5), so dass man den Kaufpreis entweder vor Fabrikation oder häufiger vor Auslieferung einer Maschine bereits erhalten möchte. Wenn deutsche Exporteure einem Kauf in Raten zustimmen, d.h. ein Zahlungsziel gewähren, dann müssen sie sich genau erkundigen, ob Realsicherheiten wie der Eigentumsvorbehalt in Russland gelten.
Es wäre sonst sehr unerfreulich festzustellen, dass eine Maschine bereits geliefert, aber noch nicht bezahlt ist und dennoch bereits in das Eigentum des Käufers übergegangen ist, und man keine Zugriffsrechte mehr hat.
Im Falle Russland hat der deutsche Lieferant zwei Möglichkeiten, um sich abzusichern. Erstens er beharrt darauf, den Kaufpreis vor Auslieferung der Ware bereits zu erhalten, oder aber er nimmt den Eigentumsvorbehalt in den Vertrag auf. Dies muss im Falle Russlands schriftlich erfolgen. Wenn der Eigentumsvorbehalt schriftlich vereinbart wurde, darf der russische Kunde die

Ware vor der vollständigen Bezahlung nicht weiterveräußern. Anzumerken ist an dieser Stelle, dass es in Russland einen Eigentumsvorbehalt laut Zivilgesetzbuch gibt.[42]
Zu beachten gilt, dass das Eigentum an der Ware laut Artikel 223 des Bürgerlichen Gesetzbuchs der Russischen Föderation bereits bei Übergabe der Ware an den Kunden auf diesen übergeht, falls im Vertrag nichts anderes geregelt ist. Falls der deutsche Lieferant dem russischen Kunden mit einem Zahlungsziel entgegen kommen möchte, muss er den Eigentumsvorbehalt bereits in den Vertrag aufnehmen, um so zu verhindern, dass die Bestimmung des genannten Gesetzes eintritt und die russische Partei bereits bei Übergabe zum rechtmäßigen Eigentümer wird. Allerdings existiert in Russland kein verlängerter Eigentumsvorbehalt, wie man ihn aus Deutschland kennt. Dies sollte beachtet werden, wenn der russische Kunde Ware für Rechnung der deutschen Firma verarbeitet. Dadurch erlischt der ursprünglich vereinbarte Eigentumsvorbehalt, d.h. das deutsche Unternehmen kann nicht Miteigentümer an der neuen Sache werden.
Deutsche Exporteure sollten wissen, dass für einen Eigentumsvorbehalt auf jeden Fall russisches Recht angewandt wird, sofern sich eine Anlage auf russischem Territorium befindet, denn es gilt immer das Recht desjenigen Staates, auf dessen Territorium sich eine Ware befindet. Es ist rechtlich nicht möglich, im Vertrag das anwendbare Recht bezüglich des Eigentumsvorbehalts zu vereinbaren.

3.3.5. Produktpiraterie und Markenschutz

Markenschutz hat in Russland keine besondere Tradition. Produktpiraterie ist im alltäglichen Leben überall anzutreffen. Oft kann man als Betroffener nicht auf Anhieb sagen, ob man gefälschte Ware gekauft hat oder nicht, da man auf solche Erzeugnisse auch in seriösen Kaufhäusern stoßen kann.
Vor allem Medikamente, Konsumgüter wie Kleider, Parfüm und Nahrungsmittel sowie Computersoftware und CDs sind häufig vom genannten Phänomen betroffen. Dies müssen deutsche Unternehmen auf jeden Fall bei ihrem Engagement bedenken. Man muss die rechtliche Lage betrachten und sich ver-

[42] Artikel 223, Satz 1 des Bürgerlichen Gesetzbuchs der RF.

gewissern, ob ein Gesetz existiert, welches Markenschutz gewährleistet, und ob Mechanismen vorhanden sind, wie man gegen solche Verstöße vorgehen und sie ahnden kann.
Falls man Markenpiraterie feststellt, sollte man sich an das Staatliche Zollkomitee wenden, welches für derartige Fragen gemäß Artikel 38 des neuen Zollkodex zuständig ist.
In Russland existiert ein Gesetz zum Schutz von Patentrechten, Warenzeichen und Urheberrechten. Im Falle von Produktpiraterie sind Sanktionsmechanismen gemäß dem russischen Strafgesetzbuch, Artikel 146 und 147 vorgesehen. Des Weiteren kann ein deutsches Unternehmen zivilrechtlich gegen derartige Verletzungen vorgehen. Hierbei dient das Bürgerliche Gesetzbuch als rechtliche Grundlage, um etwaige Ansprüche geltend zu machen. Allerdings kann man berechtigt die Frage stellen, ob die genannten Sanktionsmechanismen ausreichend sind, um derartige Markenverletzungen auch in Zukunft zu unterbinden. Wenn man bedenkt, dass Produktpiraterie schon jahrelang floriert und sowohl dem Markenrechtinhaber als auch dem russischen Staat große Schäden zufügt, dann scheinen die gesetzlichen Möglichkeiten derzeit noch nicht richtig zu greifen. Um ausländischen Investoren wirklichen Schutz zu bieten, muss der russische Gesetzgeber etwas tun, um die gängige Praxis zu unterbinden. Akut wird diese Problematik vor allem in Anbetracht eines baldigen WTO-Beitritts. Das genannte Problem muss aus der Welt geschaffen werden, damit sich Investoren in Russland geschützt fühlen. Es wird keineswegs ausreichen, den Schutz nur verbal zu proklamieren. Worten müssen auch Taten folgen.

3.4. Das Problem der Vertriebspartner

Dieser Punkt gehört streng genommen zu den rechtlichen Aspekten eines Engagements in Russland. Es sollen an dieser Stelle aber lediglich die Probleme genannt werden, die aus dem Punkt resultieren können. Rechtliche Aspekte werden daher nur am Rande erwähnt, da sie sonst den Rahmen sprengen würden.[43]

[43] Erschöpfende Darstellung des Problems der Vertriebspartner bei *Detzer, Klaus*, Fach Wirtschaftsrecht II im Rahmen des Studiums „MBA – International Marketing“ an der ESB Reutlingen, Skript „Recht 8: Verträge mit ausländischen Vertriebspartnern“.

Die Wahl eines Vertriebspartners in Russland trägt sehr stark zum Erfolg bzw. Misserfolg eines Unterfangens bei. Zu bedenken gilt, dass viele Handelsfirmen, welche z.B. Industriegüter eines deutschen Unternehmers vertreiben sollen und wollen, oft Exklusivvertriebsrechte fordern, worauf man sich aber nicht einlassen sollte.
Dagegen sprechen folgende Fakten:

- Die riesige Ausdehnung Russland macht eine Marktbearbeitung durch eine Handelsfirma unmöglich. Die Bedienung von Kunden in weit entfernten Regionen ist dadurch nicht gewährleistet.
- Erst im Laufe der Geschäftsverbindung wird das deutsche Unternehmen die Qualität des Partners richtig abschätzen können.
- Handelsfirmen verkaufen für eine ganze Reihe von Herstellern. Wer die höheren Rabatte gewährt, kann beim Verkauf durch die Handelsfirmen auch bevorzugt werden.
- Bonitätsprüfungen der zumeist jungen Firmen sind kaum möglich.

Für mittelständische deutsche Unternehmen sind Vertriebspartner in Russland aber unabdingbar, denn sie können, wenn es sich um fähige Vertriebspartner handelt, viele Aufträge generieren und somit den Umsatz der deutschen Firma steigern.
Wichtig ist es, mit dem zukünftigen Vertriebspartner einen sattelfesten Vertrag auszuarbeiten.

Bedeutsame rechtliche Komponenten sind[44]:

- Provisionsanspruch, Gefahr unverdienter Provisionen
- Definition der Absatzkanäle
- Anwendbare Rechtsnormen und die damit verbundenen Probleme
- Kündigung des Vertrags
- eventuelle Ausgleichsansprüche des Vertriebspartners
- Gerichtsstand

[44] Vgl. *Detzer, Klaus*, Fach Wirtschaftsrecht II im Rahmen des Studiums „MBA – International Marketing" an der ESB Reutlingen, Skript „Recht 8: Verträge mit ausländischen Vertriebspartnern".

Dies sind nur einige Punkte, die ein deutsches Unternehmen beim Abschluss eines Vertrages beachten sollte. Durch eine mangelhafte Vertragsgestaltung kann es in der Praxis oft zu unerfreulichen Überraschungen kommen.
Erwähnenswert ist die Tatsache, dass es in Bezug auf Vertriebspartner aus Staaten, die nicht zum Europäischen Wirtschaftsraum (ERW) zählen, also auch die Russische Föderation, größeren Spielraum gibt, den man unbedingt nutzen sollte, da der Vertrag deutlich zugunsten des deutschen Exporteurs gestaltet werden kann.
So ist beispielsweise eine Verkürzung der Kündigungsfrist in Bezug eines russischen Vertriebspartners oder ein vertraglicher Ausschluss des Ausgleichsanspruchs bei russischen Handelsvertretern (§ 92 c I HGB[45]) durchaus möglich.
Der Aufbau eines Händlernetzes ist somit eine ziemlich komplexe Aufgabe, die es zu meistern gilt. Auf alle Fälle sollte sich eine deutsche Firma Zeit lassen und nichts überstürzen. Dann wird auch das Risiko minimiert, an unseriöse Partner zu geraten.

3.5. Wirtschaftliche Risiken

Wirtschaftliche Risiken bilden die mikroökonomische Ebene eines Engagements in der Russischen Föderation ab, d.h. sie beziehen sich auf die involvierten Unternehmen und ihre Finanzlage.

3.5.1. Die Schwächen des Banken- und Finanzsektors

Wirtschaftliche Risiken treten häufig deswegen auf, weil russische Kunden oft nicht über die benötigten finanziellen Mittel verfügen bzw. verfügen können. Dies hat oft einen simplen Grund.
Russischen Unternehmen ist oft der Zutritt zu Krediten verwehrt, d.h. sie erhalten vom schwach entwickelten Bankensektor keine Kredite, u. a. auch deshalb, weil sie für die Bankenhäuser oft ein zu großes Risiko darstellen.
Die Schwäche des russischen Bankensektors macht die Finanzierung in Russland teuer, man bedenke, dass beispielsweise kurzfristige Finanzie-

[45] Handelsgesetzbuch.

rungsmethoden in Bezug auf Russland nicht immer funktionieren, so z.B. der Wechsel-, Akzept- und Rembourskredit.[46]

Als problematisch kann sich hier die Tatsache herausstellen, dass Avale einer russischen Bank häufig für den deutschen Exporteur keine Zahlungsabsicherung darstellen. Deshalb ist die richtige Auswahl des Bankinstituts von sehr hoher Bedeutung. Die eigene Hausbank kann eine deutsche Firma mit einer Liste von russischen Banken versorgen, die generell akzeptiert sind. Auch beim Wechsel verbleibt das Risiko der Ausstellerhaftung beim Exporteur (gezogener Wechsel). Bei zahlungsschwachen Kunden, die über keine ausreichende Liquidität verfügen, und bei russischen Banken ist stets größte Vorsicht geboten, um nicht selbst zur Kasse gebeten zu werden.

Das Misstrauen gegenüber russischen Banken macht sich auch in Bezug auf abstrakte Zahlungsversprechen, also auf Akkreditive, bemerkbar. Deshalb werden im Russlandgeschäft häufig Vorauszahlungen vereinbart, d.h. oft wird der gesamte Kaufpreis vor Lieferung der Güter, Maschinen oder Anlagen entrichtet.

Für den deutschen Exporteur ist dies die sicherste Variante, allerdings darf dennoch nicht vergessen werden, dass immer noch das Fabrikations- und Abnahmerisiko besteht.

Oft sind Anlagen nach speziellem Kundenwunsch gefertigt, d.h. die Weiterveräußerung der Ware durch den deutschen Exporteur im Falle, dass der russische Importeur in Konkurs geht, ist unter Umständen sehr schwierig.

Insgesamt kann man feststellen, dass die kurzfristigen Finanzierungsmöglichkeiten für Russland doch ziemlich eingeschränkt sind und nicht so funktionieren, wie sie sollten. Neben Vorauskasse gibt es weitere Möglichkeiten, wie man sich vor dem Konkurs des russischen Partners schützen und wirtschaftliche sowie politische Risiken ausschließen kann. Diese Möglichkeiten werden im Abschnitt 3.5.3 dieses Kapitels (Bereitstellung von Finanzierungsmöglichkeiten) und bei der Chancenbetrachtung im Abschnitt 4 genannt und präzisiert.

---

[46] Zu Begriffserläuterungen siehe Altmann, Jörn (2001), Außenwirtschaft für Unternehmen, Seite 129-132.

Im Folgenden seien die wichtigsten Risiken im Bereich des Bankensektors kurz noch einmal genannt:

- Zu viele kleine Banken, die stark unterkapitalisiert sind (ca. 400 Kreditinstitute liegen unter der staatlichen Mindestkapitalvorgabe von einer Million Euro, zwei Drittel der russischen Banken macht Verluste).
- Die vergebenen Kredite sind kurzfristig.
- Der Staat und einige inländische Firmen kontrollieren viele Banken und sind teilweise deren Inhaber.
- Financial Groups sind zu mächtig in Russland und haben zu großen Einfluss.
- Die Sberbank z.B. hält knapp 70 Prozent aller Privateinlagen, viel zu viel in der Hand einer einzigen Bank.
- Die Gesamthöhe der Darlehen macht ca. 15 Prozent des BIP aus, eine viel zu niedrige Prozentzahl.
- Die privaten Spareinlagen machen nur 10 Prozent des BIP aus, was deutlich niedriger ist als in den Industriestaaten.

3.5.2. Fehlendes Risikomanagement

Interessant zu erwähnen ist auch die Tatsache, dass einige deutsche Unternehmen das Risikomanagement doch ziemlich vernachlässigen.
Dies mag in manchen Fällen auch sehr sonderbar anmuten, denn der deutsche Mittelstand gilt insgesamt als recht konservativ. Im Russlandgeschäft wird mitunter ein Verhalten an den Tag legt, welches mit Vernunftdenken und Risikominimierung nicht immer in Einklang steht. Es stellt sich hier die Frage, weshalb dieses irrationale Verhalten auftritt? Worin liegt es begründet?
Gründe könnten darin liegen, dass die einzelnen Exporteure unter allen Umständen Aufträge an Land ziehen wollen, um ihren Umsatz und auch ihre Bekanntheit auf dem russischen Markt zu steigern. Man kann sich oft nicht vorstellen mit welch harten Bandagen deutsche Lieferanten gegeneinander aber auch gegen die Konkurrenz aus anderen Ländern kämpfen.
Deutsche Firmen setzen sich in der Praxis oft nicht unerheblichen Risiken aus, da sie Maschinen und Anlagen ausliefern ohne den vollständigen Geldeingang abzuwarten.

Dies wird auch ohne Absicherung getan, d.h. oft existieren nicht einmal Bankgarantien (zum Problem des Bankensektors vgl. den vorangegangen Punkt) seitens des Importeurs. Wie bereits erwähnt wurde, ist der Exporteur bestrebt, dem Importeur Zahlungsziele einzuräumen, um überhaupt an dessen Auftrag zu gelangen. Einige deutsche Unternehmen spekulieren oft darauf, dass die Geschäfte schon glatt über die Bühne laufen werden. Oft wird eine ausreichende Bonität des Kunden „herbeigewünscht", weil man dies gerne sehen würde.
Man mag dieses Verhalten gar nicht glauben, aber in der Praxis stößt man unverständlicherweise dennoch darauf.

Einerseits wird der russische Markt oft aufgrund der zahlreichen Risiken und nicht immer vollkommenen Rahmenbedingungen kritisiert, andererseits geht man, d.h. deutsche Unternehmen, auch unnötigerweise Risiken ein, um an Aufträge um jeden Preis zu kommen. Von dieser Praxis sollten deutsche Exporteure unbedingt Abstand nehmen. Die Inhaber mittelständischer Firmen (oft ältere und recht konservative Herrschaften) dulden oft die Vorgehensweise ihrer Vertriebsleute, allerdings nur solange alles gut geht. Würde einmal ein russischer Kunde vollständig ausfallen, so könnte das gesamte Engagement in Russland ins Wanken geraten. Die Folgen für ein exportorientiertes Unternehmen könnten verheerend sein.

3.5.3. Bereitstellung von Finanzierungsmöglichkeiten

Nicht selten müssen sich deutsche Unternehmen Finanzierungen einfallen bzw. „gefallen" lassen, die dem russischen Unternehmen helfen, gleichzeitig aber für das deutsche Unternehmen erhebliche Risiken bergen können.
Ohne die Mithilfe bei einer Finanzierung könnten deutsche Unternehmen viele Aufträge verloren gehen, denn der russische Importeur ist auf (längere) Zahlungsziele angewiesen, um das Geschäft überhaupt abschließen und seine Forderungen begleichen zu können.
Dadurch, dass der deutsche Exporteur die Unvollkommenheit des russischen Bankensektors kompensieren muss, begibt er sich natürlich in eine Gefahrensituation.

Deutschen Geschäftsleuten ist deshalb dringend anzuraten, sich gegen die existierenden wirtschaftlichen Risiken über Bankgarantien oder Ausfallbürgschaften abzusichern, zumal diese Instrumente in der letzten Zeit durch die zahlreichen Fortschritte in Russland deutlich günstiger geworden sind.[47]
Allerdings muss bedacht werden, dass eventuell trotz Hermes-Deckung, d.h. Bundesgewährleistung, im Falle einer Entschädigung auch der Exporteur beteiligt werden kann. Auch muss der Exporteur bei der Absicherung wirtschaftlicher Risiken einen Selbstbehalt tragen, wobei die tatsächliche Höhe davon abhängt, ob es sich um staatliche oder private Schuldner handelt.
Auch ist der zeitliche Aufwand, der für die Absicherung der Exportgeschäfte notwendig ist, enorm und nicht zu vernachlässigen. Man bedenke, dass bei kurz- und mittelfristigen Projekten Sicherheiten erforderlich sind, d.h. das Vorliegen von Staats- oder Bankgarantien (akzeptierter Banken) ist dringend notwendig.
Bei kurzfristigen Geschäften kann nach erfolgter Bonitätsprüfung, die sehr streng ist, auf die Stellung von Bankgarantien verzichtet werden. Aber dies geschieht nur bei Kunden, deren Bonität und Rating außerordentlich gut sind.

Die vorstehenden Ausführungen haben deutlich gezeigt, dass trotz Absicherung durch Bundesgewährleistungen auch für den Exporteur ein Restrisiko existiert, das nicht vollständig ausgeschlossen werden kann.

3.5.4. Die Auswirkungen von Basel II

Neuregelungen bezüglich der Eigenkapitalausstattung von Unternehmen und die Neubewertung des Kreditrisikos sind ebenfalls Faktoren, die in Bezug auf Russland negative Auswirkungen haben können.
Mit der Eigenkapitalausstattung deutscher Unternehmen steht es gegenwärtig nicht zum Besten. Es wird sich noch zeigen, ob deutsche Unternehmen auch weiterhin dem russischen Kunden bezüglich der Finanzierung und Gewährung von Zahlungszielen wie bisher entgegen kommen können.

[47] Vgl. *Lüke, Gabriele et al. (Hrsg.)*, (2003): So kommen Sie nach Russland, Seite 170. Durch die günstigere Risikoeinstufung Russland ist auch der Preis für Deckungszusagen um fast 20 Prozent gesunken, was eine erhebliche Einsparung bedeutet.

Wahrscheinlich wird sich die gegenwärtige Praxis ändern, da auch die deutschen Unternehmen ihrerseits nicht mehr so einfach Kredite bzw. nur zu deutlich schlechteren Konditionen erhalten werden.
Deshalb wären zum gegenwärtigen Moment dringend Strukturreformen des russischen Bankensektors angebracht, die allerdings immer noch auf sich warten lassen. Es zeichnet sich allerdings die Tendenz ab, dass auch die deutschen Unternehmen umdenken müssen und Finanzierungsangebote nur noch in eingeschränktem Rahmen anbieten können. Für das Russlandgeschäft könnte dies negative Folgen haben, insbesondere auf die bisherigen Positionen deutscher Unternehmen, denn ohne ein Finanzierungsangebot, das auf die Wünsche des Kunden zugeschnitten ist, kommt man in Russland in der Regel nicht weit.

3.5.5. Der russische Markt bindet viel Liquidität

Wie die bisherigen Ausführungen deutlich gemacht haben, wird durch ein Engagement recht viel Liquidität gebunden. Dies hängt mit der Notwendigkeit zusammen, dem russischen Kunden lange Zahlungsziele einzuräumen. Wenn man bedenkt, dass oft parallel verschiedene Aufträge und Projekte ablaufen, dann wird die ganze Tragweite der oben aufgestellten Behauptung deutlich.

3.6. Sonstige Risiken

3.6.1. Technische Anforderungen seitens des russischen Kunden

Wenn man Anlagen nach Russland verkauft, wird man schon sehr bald feststellen, dass russische Unternehmen die Maschinen viel intensiver nutzen als z.B. deutsche Firmen. Man arbeitet oft rund um die Uhr. Die Betriebsstunden erreichen oft binnen eines einzigen Monats die Höhe, die in Deutschland innerhalb eines oder zwei Jahren erreicht wird.
Der russische Kunde geht quasi immer davon aus, dass die Maschinen für eine derartige Belastung konzipiert sind und reagiert oft mit Unverständnis, wenn man ihm zu erklären versucht, dass dies nicht so ist. Deshalb sollte solche Dinge unbedingt im Vorfeld abgeklärt werden, damit es nicht zu Prob-

lemen kommt. Auch im Vertrag sollte bereits angegeben werden, dass sich Garantien bzw. Gewährleistungen nur auf eine begrenzte Zahl von Betriebsstunden bezieht.

Dies hilft, sich großen Ärger zu ersparen. Um derartige Situationen zu meistern bedarf es Feingefühl und Erfahrung im Umgang mit russischen Kunden.

3.6.2. Russische Konkurrenz in bestimmten Branchen

Die Finanzkrise aus dem Jahr 1998 hatte, wie bereits erwähnt wurde, auch ihre positiven Effekte für gewisse Branchen der russischen einheimischen Industrie. Durch die eingetretene Importsubstitution wurde die Qualität vieler Konsumgüter stark verbessert, was russischen Produzenten höhere Marktanteile bescherte.

Deshalb müssen deutsche Hersteller von Konsumgütern hier die Augen aufmachen und sehen, ob und in welcher Weise ein Engagement lohnend ist.

Die bloße Einfuhr von Produkten kann hier sicherlich nicht das Erfolgsrezept sein, denn die Preise für die importierten deutschen und westeuropäischen Güter und Waren sind viel höher. Deshalb ist hier an eine Produktion in der Russischen Föderation zu denken, d.h. es wäre ein Kapitaltransfer und somit Direktinvestitionen nötig. Nur so könnte man die Konkurrenzfähigkeit deutscher und westeuropäischer Produkte sicherstellen.

So ist beispielsweise der Jogurthersteller „Ehrmann“ in Russland tätig und „hat aus Russland ein Land von Jogurtessern gemacht“.[48]

Das Unternehmen hat bereits gezeigt, wie man in Russland vorgehen muss, um sich gegen die immer stärker werdende einheimische Konkurrenz zu behaupten.

Als deutsches Unternehmen muss man eine klare Strategie erarbeiten und diese dann umzusetzen versuchen. Hierbei sind vor allem marketingspezifische Punkte enorm wichtig. Es kommt in besonderem Maße auf die so genannten „4 P“ des Marketings an. Stichwort ist hier die internationale Markenführung. Sie kann helfen, teure Produkte als Marke in Russland aufzubauen und zu führen. Viele westliche bzw. deutsche Produkte sind zwar im Preis erheblich teurer, dennoch erfreuen sie sich reger Nachfrage, da sie bei vielen

---

[48] *Lüke, Gabriele et al. (Hrsg.)*, (2003): So kommen Sie nach Russland, Seite 56-62.

Russen als „chic“ gelten und ein Lebensgefühl verkörpern. Als Beispiel seien hier Kosmetika genannt.

3.6.3. Service und Customer Relationship Management (CRM)

Ein wichtiger Erfolgsfaktor für Russland sind Serviceleistungen, die der Hersteller insbesondere im Investitionsgüterbereich erbringen sollte. Man muss schließlich bedenken, dass die Entfernungen es notwendig machen, Service vor Ort zu leisten.
Es dauert in der Regel ziemlich lange, bis bei Gesprächen zwischen Hersteller und russischem Kunden geklärt ist, welches Ersatzteil nach Russland geliefert werden soll. Dies ist noch das geringste Problem. Bei der Verzollung ergeben sich in der Regel die größten Probleme, obwohl das Ersatzteil aus Deutschland recht schnell geliefert wird. Es kann mitunter Wochen dauern, bis das Ersatzteil für den russischen Kunden vom Zoll freigegeben ist.
Wenn man dabei bedenkt, dass die gesamte Produktion stillstehen kann, dann wird der Notwendigkeit, Serviceleistungen vor Ort zu erbringen besonderer Nachdruck verliehen. In der Nahrungsmittelbranche, z.B. bei Anlagen für die Verarbeitung von Fleisch und Milchprodukten, kommt es aufgrund mangelnder Serviceleistungen zu Ausfällen beim Kunden, was sich im Falle von Erneuerungsinvestitionen natürlich negativ auswirken kann. Der deutsche Hersteller muss also daran interessiert sein, dem russischen Kunden auch hierbei entgegenzukommen, wenn er weiterhin sicherstellen möchte, dass der Kunde auch in Zukunft bei ihm Anlagen und Ausrüstung erwirbt.

Einige deutsche Unternehmen haben in dieser Beziehung noch kein wirksames Rezept entwickelt. Häufig ist es so, dass man das sehr einträgliche Ersatzteilgeschäft gerne im Hause (also in Deutschland) selbst behalten möchte, um somit auch alles besser kontrollieren zu können.
Dieses Verhalten kann man oft bei mittelständischen Unternehmen beobachten. Natürlich ist der Wunsch deutscher Unternehmen verständlich, im Russlandgeschäft wird eine solche Vorgehensweise früher oder später auf ihre Grenzen stoßen.
Unter Umständen kann es passieren, dass man zu lange wartet und die Konkurrenz bereits erste, wichtige Schritte in Richtung Aufbau von Servicenieder-

lassungen und Ersatzteillagern unternimmt und man selbst unter Zugzwang gerät. Denn durch den Aufbau von Serviceniederlassungen kann man viel schneller auf die Wünsche und Anregungen des russischen Kunden reagieren und hat dadurch eventuell einen komparativen Wettbewerbsvorteil gegenüber der Konkurrenz.
Auch können die genannten Schritte richtungweisend sein und gegebenenfalls die Tür für größere Investitionen und sogar Direktinvestitionen öffnen. Viele deutsche Unternehmen fangen in Russland klein an und bauen dann das Geschäft schrittweise immer weiter aus, was im Endeffekt in die Errichtung eigener Betriebsstätten in Russland münden kann.

Für den russischen Kunden ist das Angebot von Serviceleistungen ein enorm wichtiger Punkt. Er möchte schließlich keine finanziellen Einbußen erleiden, weil Ersatzteile zu spät ausgeliefert werden. Russland ist schließlich ein riesiges Land, so dass auch der Transport in die entlegenen Gebiete sehr lange dauert (wenn man sogar von Zollformalitäten absieht und davon ausgeht, dass hier keine Probleme entstehen, was allerdings äußerst selten vorkommt).
Zwar heißt es vor Geschäftsabschluss mit deutschen Firmen, dass die Servicefrage gar kein Problem darstellt, allerdings läuft in der Praxis nicht immer alles so glatt wie gerne in Vertragsverhandlungen betont wird.
Die Frage des Service wird in Zukunft eine der wichtigsten Fragen sein, auf die ein deutsches Unternehmen Antwort geben muss. Sie wird neben der Qualität ein entscheidender Faktor im Russlandgeschäft sein.
Als ersten Schritt könnten deutsche Firmen beispielsweise bei einem Vertreter für Russland ein Konsignationslager eröffnen, wo die wichtigsten Ersatz- und Verschleißteile vorrätig sind und bei Bedarf entnommen werden können. So kann dann gewährleistet werden, dass der Kunde nicht lange auf ein Teil warten muss.
Das Customer Relationship Management muss insbesondere in Bezug auf Auslandsmärkte wie Russland sehr ernst genommen werden.
In Russland sprechen sich Probleme und negative Schlagzeilen bezüglich eines Herstellers sehr schnell herum und können sehr hinderlich sein, wenn man neue Aufträge an Land ziehen möchte. Deshalb muss man Strategien

entwickeln, wie man am besten mit dem Kunden kommuniziert und den Umgang pflegt.
Auch im Bereich Beschwerdemanagement sollten deutsche Unternehmen sehr hellhörig sein und Reklamationen sehr ernst nehmen. Sonst kann es passieren, dass man vom russischen Markt schneller verschwindet als man denkt. Trotz hoher Belastungen der Mitarbeiter im eigenen Unternehmen muss man für die Anliegen des russischen Kunden ein offenes Ohr finden.
Es ist in der Praxis oft so, dass man den Wünschen russischer Kunden etwas weniger Aufmerksamkeit schenkt als beispielsweise denen deutscher Kunden.

3.7. Risiken durch externe Einflüsse

Es gibt eine Reihe von Risiken, die in erster Linie nicht mit Russland als Absatzmarkt in Verbindung stehen, die sich aber trotzdem negativ auf ein Engagement in Russland auswirken können. Dabei handelt es sich beispielsweise um Gefahren beim Transit durch Drittländer, um die gegenwärtige Stärke des Euro und um mangelnde Qualität von Handelsware, die ein deutsches Unternehmen z.B. auch in Russland verkauft, um Komplettlösungen anbieten zu können und, wie in der Nahrungsmittelbranche teilweise üblich, schlüsselfertige Betriebe zu errichten.

3.7.1. Gefahren beim Transit

Viele deutsche Unternehmen denken zwar an Eventualitäten, die bezüglich des russischen Zolls eintreten können. Oft jedoch wird vergessen, dass man sich auch mit solchen Ländern befassen muss, durch die der Warentransport führt.
Auf dem Landwege von Deutschland aus ist das Polen und Belarus. In Belarus kann es durchaus passieren, dass eine Weiterfahrt nicht gestattet wird unter dem Vorwand, es würden wichtige Dokumente fehlen, die für einen Weitertransport notwendig seien. Auch solche Fälle gilt es unbedingt im Voraus in die Planung mit einzubeziehen, damit man nicht erst dann reagieren muss, wenn das Kind schon in den Brunnen gefallen ist.

Viel Zeit kann dabei verloren gehen, was dann unter Umständen dazu führen kann, dass die Güter oder Maschinen verspätet beim russischen Kunden eintreffen und dieser Vertragsstrafen (falls diese vereinbart sind) geltend macht. Dies wäre sehr unerfreulich. Deshalb sollte immer ein zeitlicher Spielraum vorhanden sein, der derartige Ausnahmesituationen abfedern kann.

Für Belarus[49] muss beachtet werden, dass bei einem LKW-Transport nach Russland die Grenzübergänge vorgeschrieben sind. Des Weiteren fallen Kosten für die Benutzung von öffentlichen Straßen an. Einige Güter wie Schmuck und Lederbekleidung sind beim Transitverkehr nur mit dem Carnet TIR zugelassen.

3.7.2. Die gegenwärtige Stärke des Euro

Zurzeit werden heftige Diskussionen darüber geführt, dass die Stärke des Euro gegenüber dem US-Dollar bald nicht mehr zu ertragen sein wird. Selbst EZB-Chef Trichet hat sich schon wiederholt zu Wort gemeldet und verkündet, dass die USA nun endlich etwas unternehmen müssten, um die eigene Währung zu stützen.

Der Kurs des Euro hat bereits die 1,35 Dollar-Marke überschritten.

Ein Grund für diesen Anstieg des Euro war vor kurzem auch die Tatsache, dass die Russische Zentralbank verstärkt Euro nachgefragt hat, also Euro gekauft hat. Man möchte sich in Zukunft nicht nur auf den Dollar konzentrieren. Der Euro macht mittlerweile dem US-Dollar in Russland als Leitwährung starke Konkurrenz.

Es liegen bereits Pläne vor, dass Devisenreserven in Russland zu 50 Prozent in Dollar und Euro gehalten werden sollen.

Ein Nachteil des starken Euro ist die Tatsache, dass europäische und somit deutsche Produkte bei einer Einfuhr nach Russland immer teurer werden, wohingegen die Amerikaner ihre Produkte verbilligt einführen können.

Zurzeit verzeichnet Deutschland trotz anhaltender Euro-Stärke Rekordexporte, es bleibt allerdings abzuwarten, ob sich dieser Trend auch in Zukunft fortsetzen werden wird bzw. kann.

---

[49] Wegweiser Gmbh / BDI (2002), Seite 119.

Nur am Rande sei erwähnt, dass sich auch russische Exporte in andere Staaten aufgrund der anhaltenden Dollar-Schwäche verteuern und dies für die russische Exportbranche ein hemmender Faktor sein kann.

3.7.3. Das Problem mit Handelsware

Um Komplettlösungen anbieten zu können, muss ein deutscher Hersteller oft selbst Maschinen und Anlagen zukaufen, um so das angebotene Spektrum zu erweitern.
In der Nahrungsmittelindustrie ist dies gang und gäbe. Viele Firmen spezialisieren sich auf ein oder einige bestimmte Segmente. Eine Firma verkauft beispielsweise Maschinen für die „Erstverarbeitung" von Rohfleisch, z.B. Kutter und Fleischwölfe, eine andere Firma produziert Wurstfüllmaschinen, eine dritte Anlagen zur thermischen Bearbeitung von Wurstwaren, eine vierte Firma Maschinen zum Pökeln von Fleisch usw. Firmen, die auf dem russischen Markt dann auftreten, versuchen ein so breites Spektrum wie möglich anzubieten, was die Chancen auf dem russischen Markt beträchtlich steigert.

Man wählt also unter namhaften Herstellern einige Partner aus, mit denen man zusammenarbeiten wird, um den russischen Markt zu bearbeiten, und baut auf diese Weise ein Sortiment aus Handelsware auf, also Gütern und Maschinen anderer Hersteller, die man dann in Russland verkaufen wird. Bei der Auswahl der Partner muss eine Firma strenge Kriterien anlegen, denn alles was man auf dem russischen Markt tut, wird danach mit der eigenen Firma assoziiert.
Es kann bei mangelnder Qualität der Handelsware zu einem Imageverlust der die Handelsware verkaufenden Firma kommen, von der man sich in Russland eventuell nicht so leicht erholen kann. Selbst wenn die eigenen Maschinen eine hervorragende Qualität aufweisen, können sich Probleme von Handelspartnern in Deutschland auch negativ auf die eigenen Verkaufszahlen auswirken.
Auch wenn die Serviceleistungen des Handelspartners nicht ausreichend sind, kann sich dies auf das eigene Unternehmen niederschlagen, obwohl im eigenen Hause womöglich alles stimmt. Diese Faktoren muss man sehr ernst nehmen. Zwar trägt man keine Schuld daran, dass beispielsweise die Ma-

schinen des Handelspartners in Deutschland nicht die gleiche Qualität wie die eigenen Anlagen aufweisen, den Kunden in Russland kümmert das nicht. Er hat mit ihrer Firma den Kaufvertrag abgeschlossen und erwartet von ihnen, dass alles stimmt, also auch mit der Handelsware. Aus diesem Grunde müssen Sie sich um die gesamte Angelegenheit kümmern und das Problem aus der Welt schaffen. Hier entsteht oft ein nicht unbedeutender zeitlicher und organisatorischer Aufwand, den es zu bedenken gilt.

4. Chancen auf dem russischen Markt

Im vorangegangenen Kapitel wurden die Risiken auf dem russischen Markt analysiert. In der nun folgenden Darstellung sollen die Chancen zur Sprache kommen.

Die verstärkte Tätigkeit deutscher Firmen auf dem russischen Markt[50] macht deutlich, dass sich einiges getan hat in Bezug auf Investorenfreundlichkeit. Viele ausländische Firmen, darunter auch deutsche, strömen verstärkt auf den russischen Markt bzw. haben schon dort investiert.

Bei Tagungen, Symposien und sonstigen Veranstaltungen macht sich das verstärkte Interesse deutscher Firmen bemerkbar.[51] Viele Institutionen, vor allem die Industrie- und Handelskammern in Deutschland oder die Hermes Kreditversicherungs-AG verzeichnen Rekordzuläufe. Eine große Zahl von deutschen Unternehmen prüft ernsthaft ein Engagement in Russland. Immer mehr Firmen geben Marktforschungen und –analysen in Auftrag.

Deutsche Unternehmen erkennen, dass der russische Markt, natürlich neben Risiken, die aber mittlerweile überschaubar geworden sind, auch enorme Chancen bietet, die man nun wahrnehmen muss. Es macht sich manchmal sogar eine Art Angst breit, dass man den Anschluss verpassen könnte, wenn man nun nicht endlich auf dem dortigen Markt tätig wird. Es ist im Zuge der Globalisierung heute so, dass man schnell auf sich ändernde Situationen reagieren muss.

Dennoch kann man in Bezug auf Russland von keiner Euphorie sprechen wie dies mit China der Fall ist. Dies hat viele Gründe. Einige betreffen die teilweise mangelhaften Rahmenbedingungen und das inkonsequente Verhalten der russischen Politik, worauf bereits eingegangen worden ist.

Nichtsdestotrotz bieten sich zahlreiche Chancen, die ein Engagement wirklich lohnend machen. Im Folgenden sollen die wichtigsten Chancen näher beleuchtet werden.

---

[50] Die Firmen Metro, Ikea (Schweden) und viele andere sind bereits auf dem russischen Markt vertreten. Viele andere wollen nun endlich Schritte in dieser Richtung unternehmen (Daimler Chrysler bzw. Volkswagen stehen vor dem Sprung).

[51] Z.B. die Investitionskonferenz Russland mit Schwerpunkt Mittelstand vom 28.10.2004 in Stuttgart, an derr Bundeskanzler Schröder und der russische Premierminister Fradkow teilnahmen.

4.1. Verbesserte Rahmen- und Investitionsbedingungen

Seit dem Machtantritt von Wladimir Putin wurden sehr viele Reformen durchgeführt, die insgesamt die Rahmen- und Standortbedingungen in der Russischen Föderation deutlich verbessert haben.
An dieser Stelle ist die Reformierung des Steuergesetzbuchs zu nennen mit einem maximalen Gewinnsteuersatz für Unternehmen von 24 Prozent.
Auch sonst wurden viele Abschreibungsmöglichkeiten geschaffen, die es in früheren Jahren nicht gab. Dies schafft Anreize für deutsche Unternehmen, sich in Russland niederzulassen und dort entweder ein Joint Venture mit einem russischen Partner oder gar eine eigene Betriebs- und Produktionsstätte zu gründen.
In Russland gibt es beispielsweise auch keine Gewerbesteuer wie in Deutschland. Auch dies wirkt investitionsfördernd.
Der Erwerb von Grund und Boden erleichtert die Entscheidung für den Standort Russland erheblich.
Des Weiteren sind die Reformen zu nennen, welche die Rechtsdurchsetzung in den Regionen garantieren. Föderale Gesetze haben Vorrang vor regionalen Gesetzen, d.h. es wurde ein einheitlicher Wirtschaftsraum geschaffen und die Willkür, welche die Regionen früher prägte, weitestgehend abgeschafft. Die früher übermächtigen Gouverneure der Regionen wurden in ihren Rechten stark eingeschränkt bzw. sind zum gegenwärtigen Zeitpunkt einer strengeren Kontrolle unterzogen.
Auch die Durchsetzbarkeit von Rechten vor Gericht ist deutlich besser geworden. Dies war früher ein gravierendes Problem. Allerdings ist die Lage noch weit von dem entfernt, was in entwickelten Industrieländern vorzufinden ist.

Insgesamt kann man sagen, dass Russland viel investitionsfreundlicher geworden ist. Die getätigten und vorangetriebenen Reformen schaffen ein verbessertes Investitionsklima, von dem man durchaus profitieren kann.

4.2. Hoher Modernisierungsbedarf der russischen Wirtschaft

In Russland sind noch sehr viele alte, aus Zeiten der Sowjetunion übernommene Produktionsanlagen vorhanden, die z.T. ein erhebliches Alter aufweisen. Immer mehr dieser alten Anlagen werden nun gegen neue ausgetauscht. Und gerade hier liegen die großen Chancen für deutsche Unternehmen.
Durch eine klare Strategie und eine vernünftige Unternehmenspolitik in Bezug auf Russland können deutsche Unternehmen einen großen Beitrag zur Modernisierung des Landes leisten und ihre hochwertigen Anlagen vermarkten. Dadurch ist oft eine erhebliche Umsatzsteigerung möglich.
Die russische Wirtschaft wächst momentan recht stark, zum Jahresende dürfte allen Prognosen nach zu urteilen ein Wachstum des Bruttoinlandsproduktes von 6,8 Prozent erreicht werden. Ein drastischer Fall des Erdölpreises ist zum gegenwärtigen Zeitpunkt noch lange nicht in Sicht. Solange dieses Wachstum anhält, wird auch kräftig in die Modernisierung von Anlagen investiert werden, was bei deutschen Firmen für unverhohlene Freude sorgt.
Positiv zu werten ist auch die Tatsache, dass gewisse Bedürfnisse durch einheimische Produzenten nicht befriedigt werden können. Deshalb wird kräftig importiert. Dies verschafft deutschen Unternehmen zusätzliche Möglichkeiten.
Es gilt auch als unwahrscheinlich, dass sich russische Produzenten in absehbarer Zukunft durchsetzen und ihre Marktanteile steigern können. Ob diese Branchen überhaupt jemals den technischen Stand deutscher Firmen erreichen werden, ist momentan auch nicht vorauszusagen.

4.3. Qualität made in Germany

Deutsche Produkte, vor allem Maschinen und Anlagen, genießen in Russland ein sehr hohes Ansehen. Die Russen schätzen hier insbesondere die hohe Qualität deutscher Anlagen. Bei Kaufentscheidungen wird deutschen Firmen oft der Vorzug vor anderen Konkurrenten gegeben, obwohl deutsche Produkte oft erheblich teurer sind. In der Nahrungsmittelbranche haben z.B. spanische oder italienische Firmen oft das Nachsehen.

„Made in Germany“ ist so tief in der Psyche vieler Russen verankert, dass oft nicht derart große Anstrengungen notwendig sind, um deren Wohlwollen zu gewinnen und eine Kaufentscheidung zugunsten des deutschen Produkts herbeizuführen.
Diesen psychologischen Vorteil muss ein deutsches Unternehmen einfach nutzen. Hier eröffnen sich auf jeden Fall breite Spielräume. Bereits bei Verhandlungen ist der deutsche Exporteur oft von Beginn an privilegiert. Hier hat man den Hebel in der eigenen Hand, was die Möglichkeit bietet, höhere Preise durchzusetzen.
Die Präferenz deutscher Produkte äußert sich nicht zuletzt darin, dass Deutschland bei der Betrachtung der Handelsströme der wichtigste Partner Russlands ist. Jedes Jahr steigt beispielsweise der Import aus Deutschland, obwohl die deutsche Wirtschaft mit dem übermäßig starken Euro zu kämpfen hat. Bisher hat sich die Euro-Stärke jedenfalls nicht negativ ausgewirkt, was die Vorliebe für deutsche Waren und Güter noch untermauert.

4.4. Marktgröße

Allein durch seine riesige Ausdehnung bietet der russische Markt enorme Chancen. Wenn man sich noch die Einwohnerzahl Russland vergegenwärtigt mit knapp 144 Millionen Menschen, dann gewinnt diese Tatsache noch zusätzlich an Gewicht.
Erfreulicherweise wachsen die russischen Regionen mittlerweile sehr schnell und tragen nicht unbeträchtlich zum Wachstum der russischen Wirtschaft bei. In allen Darstellungen werden die Republik Tatarstan, das Gebiet Swerdlowsk und Nishny Nowgorod bzw. andere rohstoffreiche Regionen genannt.
Oft sind die Rahmenbedingungen in diesen Regionen ausgesprochen gut, was Investitionen deutscher Unternehmen ermöglicht und auf ein solides Fundament stellt.
Die Regionen genießen auch Freiheiten in der Festlegung der Höhe der Gewinnsteuer. Diese beträgt für die Russische Föderation maximal 24 Prozent, kann in den Regionen aber noch um 4 Prozent niedriger ausfallen, womit die Regionen einen Mechanismus in der Hand haben, um die Ansiedlung ausländischer Firmen noch attraktiver zu machen. Bezüglich der Republik Tatarstan wird im Jahresbericht 2003 des Verbands der Deutschen Wirtschaft in

der Russischen Föderation auf Seite 12 aufgeführt, dass die Gewinnsteuer lediglich 13 Prozent und die Mehrwertsteuer nur 10 Prozent beträgt, was ausgesprochen verlockend erscheint und weit unter den regulären Steuersätzen von 24 Prozent (Gewinnsteuer) und 18 Prozent (Mehrwertsteuer) liegt.

Des Weiteren sind die riesigen Rohstoffvorkommen zu nennen. Nicht umsonst ist Russland das rohstoffreichste Land der Welt. Bei der Errichtung von Betriebs- und Produktionsstätten spielt dieser Faktor eine sehr wichtige Rolle. Oft sind diese Faktoren auch entscheidend für eine Investitionsentscheidung. Das reichhaltige Rohstoffvorkommen macht einen Transport aus anderen, weit entlegenen Teilen unnötig und hilft somit sowohl Zeit als auch Finanzmittel in nicht unbeträchtlicher Höhe einzusparen.

Ein weiterer wichtiger Punkt und somit eine Chance für deutsche Investoren ist die Öffnung des russischen Marktes, d.h. man kann neue Produkte in den russischen Markt einführen, die eventuell dort unbekannt sind bzw. waren. Durch Qualität und Präferenzbildung lässt sich somit ein Markt für die eigene Produktpalette schaffen. Industriebetriebe können neue moderne Anlagen erwerben und somit auch die Qualität der eigenen Güter und Waren verbessern. Konsumenten kommen in den Genuss von qualitativ hochwertiger Ware, was früher in der ehemaligen Sowjetunion und in den Jahren nach dem Zerfall nicht der Fall war. Man musste einfach das kaufen, was vorhanden war. Es gab eine Mangelwirtschaft.

4.5. Wachsendes Markenbewusstsein

Russische Konsumenten schauen bei der Auswahl nicht mehr nur auf den Preis, sondern auch auf die Qualität der Produkte. Es bildet sich immer mehr ein Markenbewusstsein heraus. Von diesem Standpunkt gesehen gibt es eine Annäherung zwischen westlichen Märkten und dem russischen. Die Werbung nimmt ebenfalls einen immer wichtigeren Stellenwert im alltäglichen Leben der russischen Bevölkerung ein, d.h. man kann die Kunden auch zielgerichtet erreichen und durch Schaffung eines Markenbewusstseins beeinflussen. Das wachsende Markenbewusstsein wird begleitet bzw. wäre ohne ein Steigen des Realeinkommens gar nicht möglich. Die Realeinkommen steigen

wiederum auch aus dem Grund, weil die Rahmenbedingungen durch die Reformen besser geworden sind. Neben der Industrieproduktion steigt auch der Konsum kräftig.
Wie bereits erwähnt wurde, geben russische Verbraucher knapp 90 Prozent ihres verfügbaren Einkommens für Konsum aus. Viele Dinge, die man in der sonstigen Welt als selbstverständlich erachtet, kann man nun auch in Russland auf breiter Basis erwerben.
Vor nicht allzu langer Zeit wurde das Finanzierungsinstrument „Verbraucherkredite" für Russland entdeckt und erfreut sich mittlerweile großer Beliebtheit. Verbraucherkredite regen den Konsum an, denn man kann beispielsweise technische Gebrauchsgüter wie Fernseher und Waschmaschinen erwerben und auch ratenweise abzahlen. Nicht zuletzt damit hängt die Steigerung des Konsums zusammen. Der Anteil von Verbraucherkrediten am BIP ist in Russland allerdings noch verschwindend gering, lediglich 2,3 Prozent, wohingegen er in anderen Ländern ein Vielfaches davon beträgt.[52] Hier erschließt sich noch erhebliches Entwicklungs- und Wachstumspotential, was den Konsum ganz sicher in der Zukunft deutlich anregen wird. Der Kauf teurer und exklusiver Produkte ist in Russland mit Prestigedenken einiger Bevölkerungsschichten eng verbunden. Man möchte sich unbedingt von anderen Menschen hervorheben und zeigen, dass man es geschafft hat.
Trotz insgesamt nicht allzu hoher Kaufkraft, vor allem wenn man Russland mit den entwickelten Industrienationen vergleicht, lassen sich dennoch Marktsegmente aufspüren, wo wohlhabende Klientel oft bereit ist, sehr hohe Preise zu zahlen. Ein Beispiel hierfür ist die Textil- und Schmuckindustrie.

Durch präzise und akribisch genaue Marktforschung bzw. –analyse kann man, für sich als Hersteller, Märkte lokalisieren und sie systematisch in Angriff nehmen. Man benötigt hierzu natürlich die Kenntnisse von Fachleuten und Spezialisten vor Ort. Dann können solche Unterfangen, insbesondere in Hinsicht auf Russland, sehr schnell zu einer Erfolgsgeschichte werden.

[52] *Handelsblatt* – Artikel vom 27.10.2004: „Russen misstrauen den Banken". In der Tschechischen Republik beträgt der Anteil der Verbraucherkredite am BIP 32,2 Prozent, in den USA gar 150 Prozent.

4.6. Günstigere Finanzierungen für Russland

(1) HERMES - Höhere Deckungsrahmen für Russland

Laut der OECD-Risikoklassifizierung wird Russland in die Entgeltkategorie 4 eingestuft. Dies hat sich in Bezug auf eine Hermes-Deckung für Russland sehr positiv ausgewirkt, denn zum einen sind mehr Finanzmittel für Russland verfügbar, andererseits macht sich das höhere Rating auch bezüglich der Kosten deutlich bemerkbar. Es kann eine Einsparung von ca. 20 Prozent erreicht werden.
Die verstärkte Nachfrage nach Ausfuhrgewährleistungen des Bundes, die so genannten Hermes-Deckungen, seitens deutscher Unternehmen macht die Attraktivität des Standorts Russland deutlich. Erweiterte Deckungsmöglichkeiten für Russland stehen seit Anfang 2002 zur Verfügung. Bei Exportkreditgeschäften mit einer Laufzeit von mehr als 12 Monaten existiert ein Kreditplafond von über 1 Mrd. Euro.
Unlängst wurde der Deckungsrahmen für die Wneschtorgbank (Bank of Foreign Trade) bei der Absicherung von Exportgeschäften mit Russland von 50 Mio. Euro auf 200 Mio. Euro vervierfacht.[53] Dieser Deckungsrahmen gilt nur für mittel- und langfristige Kreditgeschäfte mit Zahlungsbedingungen von mehr als 360 Tagen.
In manchen Fällen müssen auch nicht immer Sicherheiten wie Staats- oder Bankgarantien vorliegen, wenn es die Bonität des russischen Schuldners erlaubt. Dies wirkt sich natürlich auch auf die Kosten aus, die durch den Wegfall von Garantien natürlich sinken.

Euler Hermes ist mittlerweile auch in Russland präsent und bietet dort mit dem russischen Versicherer ROSNO private Kreditversicherungen an. Dies macht deutlich, dass auch auf dem russischen Markt die Nachfrage immer größer wird, denn es sind dort immer mehr Tochtergesellschaften deutscher Unternehmen vorzufinden, die ebenfalls Kreditversicherungsschutz benötigen. Auch dies ist für potentielle Investoren als positives Zeichen zu werten, denn es gibt Schutz direkt vor Ort.

[53] *Euler Hermes Kreditversicherungs-AG*, Pressemitteilung vom 13.07.04: „Euler Hermes jetzt auch in Russland Anbieter für private Kreditversicherugnen".

(2) Weitere Finanzierungsquellen

Des Weiteren gibt es für den russischen Markt auch andere Institutionen und Bankinstitute, welche die Wirtschaft dort finanzieren und eine nicht unerhebliche Rolle bei der Finanzierung spielen können.[54] An dieser Stelle ist die KMB-Bank, die Bank „zur Kreditierung kleiner und mittelständischer Unternehmen), die sich insbesondere einen Namen bei der Finanzierung des Mittelstands gemacht hat.
Zu hoffen ist hier, dass es in Zukunft noch weitere Banken in Russland geben wird, die Privatpersonen und den Mittelstand finanzieren werden, was sich auf lange Sicht auch positiv auswirken wird.
Denn auf diese Weise werden potenzielle Kunden auch für deutsche Unternehmen geschaffen. Man muss schließlich bedenken, dass Bankkunden, die heute eine noch so kleine Finanzierung benötigen, im Laufe der Zeit zu Unternehmen heranwachsen können, die dann auch in der Lage sind, Ausrüstung und Maschinen zu kaufen. In Russland haben viele Menschen mit einer Geschäftsidee ganz klein angefangen und sind heute ganz groß im Geschäft.

Eine weitere Anlaufstelle, wenn es um Finanzierung geht, insbesondere von mittel- und langfristigen Projekten, ist die ING BHF-Bank mit Sitz in Frankfurt am Main.
Daneben gibt es noch weitere Fördertöpfe einzelner Bundesländer, wie z.B. in Nordrhein-Westfalen und Niedersachsen, womit man dann auch wirtschaftliche Risiken in Russland abdecken kann.
Im internationalen Rahmen ist auch die EBRD, die European Bank of Reconstruction and Development oder auch die IFC, die International Finance Corporation, eine wichtige Größe. Zu guter Letzt seien an dieser Stelle noch die Europäische Investitionsbank (EIB) und die Kreditanstalt für Wiederaufbau (KfW) genannt.
Die Finanzierungsmöglichkeiten durch die genannten Bankinstitute und Institutionen machen auf alle Fälle deutlich, dass sich im Bereich Russland etwas tut und ein deutsches Unternehmen Projekte mit ihrer Hilfe finanzieren kann, was den Abschluss von Geschäften oft erst möglich macht.

---

[54] *Lüke, Gabriele et al. (Hrsg.)*, (2003): So kommen Sie nach Russland, Seite 163-175.

Bis der Bankensektor richtig reformiert ist, sind die aufgeführten Institutionen eine wichtige Stütze für erfolgreiche Geschäfte. Sie bieten deutschen Unternehmen eine wirkliche Chance, in Russland Fuß zu fassen, insbesondere dann, wenn es um Projekte in Millionenhöhe geht.

4.7. EU-Osterweiterung und ihre Auswirkungen auf Russland

Durch die vollzogene Aufnahme von neuen EU-Mitgliedsstaaten am 1. Mai 2004 grenzt nun die EU unmittelbar an die Russische Föderation.
Es ist zu erwarten, dass die EU-Osterweiterung positive Akzente in Bezug auf den bilateralen Handel setzen wird. Der Handel wird sich im Laufe der Zeit wohl intensivieren, wovon beide Seiten profitieren können.
Die EU wendet schon heute in manchen Bereichen Meistbegünstigungsklauseln bezüglich Russlands an.
Russland wird in den nächsten Jahren ganz sicher auch die Zollsätze senken, so dass eventuell auch die Einfuhr nach Russland zur anschließenden Montage, vor allem für die Automobilindustrie, noch interessanter werden wird. Der Volkswagenkonzern steht mittlerweile auch vor dem großen Sprung nach Russland und möchte dort ein Montagewerk errichten. Für eine derart große Investition verlangt Volkswagen aber die Zollsenkung für die Einfuhr von Autoteilen. Dies wird sicherlich ein positives Signal auch für Unternehmen anderer Branchen setzen, die bisher nur gesamte Anlagen und Maschinen nach Russland exportieren.

4.8. Der WTO-Beitritt Russlands

Für ausländische und insbesondere deutsche Unternehmen wird der WTO-Beitritt, der wahrscheinlich erst im Jahre 2006 erfolgen wird, ein positives Ereignis sein. Bereiche, die bislang ausländischen Investoren versperrt geblieben sind, werden dann offen stehen. Zu diesen Sektoren gehört etwa der russische Versicherungsmarkt oder die Telekommunikationsbranche.
Des Weiteren werden gewisse Schutzzölle für die Flugzeug- oder Automobilindustrie oder im Agrarsektor nicht mehr tragbar sein. Auch auf dem Devisen- und Kapitalmarkt wird es zu einschneidenden Änderungen kommen.

Von diesen Änderungen werden ausländische und insbesondere deutsche Unternehmen profitieren können, da der Markt sich dadurch öffnen wird. Der Marktzugang und die Erreichung der Zielgruppen werden somit erheblich erleichtert. Dies wird sich in einer verstärkten Investitionstätigkeit niederschlagen.
Auch die bisher doch recht hohen Einfuhrzollsätze werden gesenkt werden. Somit wird der Weg auch für die Einfuhr von Zuliefererteilen erheblich verbilligt. Der Warenhandel wird dadurch auf jeden Fall positiv beeinflusst werden.

Nicht unerwähnt soll die Tatsache bleiben, dass für gewisse russische Branchen dagegen oft ein recht düsteres Bild nach dem WTO-Beitritt gemalt wird. So wird etwa der Maschinenbau erhebliche Probleme durch die verstärkte ausländische Konkurrenz bekommen. Für viele russische Unternehmen wird dies nach Schätzungen von Branchenexperten das Aus bedeuten. Die Furcht ist daher groß und auch gerechtfertigt.

Im Grunde können deutsche Unternehmen also mit Freude einem baldigen Beitritt Russlands zur Welthandelsorganisation entgegensehen. Liberalisierung und Abbau von Handelshemmnissen sind hier die Schlagwörter.
Andererseits bleibt abzuwarten, wie sich das Ganze in der Praxis entwickeln wird. Man sollte keinesfalls zu euphorisch sein, denn es wird sicherlich Bereiche geben, die nach einem Beitritt nicht sofort so geregelt werden, wie das alle Beteiligten gerne haben würden. Man bedenke, dass gerade diejenigen Staaten, die immer am lautesten schreien, selbst teilweise direkte Exportsubventionen gewähren, z.B. im Agrarsektor oder in der Stahl- und Schiffbauindustrie. Deshalb wird man auch nicht sofort die bedingungslose Erfüllung aller Bestimmungen seitens Russlands fordern können, denn es geht oft um das Überleben bestimmter einheimischer Branchen.

4.9. Outsourcing

Nach einem WTO-Beitritt wird auch die Auslagerung gewisser Unternehmensfunktionen bzw. –teile nach Russland an Gewicht gewinnen. Einige Tätigkeiten werden dann in Russland kostengünstiger verrichtet werden. Zu solchen Tätigkeiten gehört beispielsweise die Montage vor Ort. Die fertig montierten Endprodukte können dann dem heimischen Markt zugeführt oder in das so genannte „nahe Ausland“, wie die GUS-Märkte bezeichnet werden, exportiert werden.

Die Marktnähe und der Kostenfaktor sind hier die wichtigsten Gesichtspunkte, die das Outsourcing sehr interessant machen.

Bislang war es allerdings oft günstiger, ein Produkt vollständig in Deutschland zu fertigen und erst anschließend nach Russland zu exportieren. Die deutsche Automobilindustrie oder auch die IT-Branche werden sicherlich in der Zukunft gewisse Teile nach Russland auslagern und auch davon profitieren, sobald die Rahmenbedingungen in Russland stimmen. In Russland gibt es z.B. ausgezeichnet ausgebildete IT-Fachkräfte, die auch Investitionen in Russland sehr lukrativ machen. Schließlich schätzt man das Wachstum des russischen IT-Markt in den nächsten Jahren auf zwischen 10 und 15 Prozent pro Jahr ein.[55]

4.10. Russland als Sprungbrett in weitere Märkte der GUS

Die Bedeutsamkeit des russischen Marktes wird noch gesteigert, wenn man sich vor Augen hält, dass sich von dort aus viele andere Märkte der ehemaligen Sowjetunion sehr gut bearbeiten lassen. Man kann dabei auf die Erfahrungen aus Sowjetzeiten durchaus zurückgreifen. Es gibt teilweise bereits etablierte Vertriebswege und -strukturen, die man auch weiterhin nutzen kann. Wenn man den Sprung bereits nach Russland geschafft und sich dort einen Namen gemacht hat, bedarf es oft nicht so großer Anstrengung, um neue Märkte in der GUS zu erobern und aufzubauen. Von Deutschland aus würde sich dieses Unterfangen viel komplexer, umständlicher und kostenintensiver gestalten.

Bei einer Produktion in Russland kann ein deutsches Unternehmen von Russland aus in weitere postsowjetische Märkte exportieren und dabei teilweise die beträchtlichen Vergünstigungen nutzen, z.B. in Form einer Freihandelszone,[56] oder einer Zollunion die es eventuell zwischen Russland und

---

[55] *Handelsblatt*, Artikel: „IT-Boom im ehemaligen Zarenreich“ vom 10.11.2004

[56] Es ist eine Freihandelszone zwischen Russland, Belarus, der Ukraine und Kasachstan geplant. Ihre Verwirklichung ist momentan allerdings noch nicht ganz sicher, vor allem in Anbetracht der jüngsten politischen Ereignisse in der Ukraine.

dem betreffenden Land gibt oder in Zukunft geben wird. So kann z.B. der belarussische Markt von Russland aus sehr gut bedient werden.

4.11. Diversifizierung und Risikostreuung

Außenhandel treibende Unternehmen müssen stets darauf bedacht sein, nicht in die Abhängigkeit eines einzelnen Marktes zu gelangen. Im Falle einer Marktschrumpfung oder Änderung der gesamtwirtschaftlichen Konstellation könnte das Engagement auf diesem Markt in Mitleidenschaft gezogen werden. Der Umsatz sollte daher nicht aus einer einzigen Quelle gespeist werden.

In Bezug auf China und Asien insgesamt ist momentan eine wahre Euphorie zu verzeichnen. Fast jedes deutsche exportorientierte Unternehmen ist „chinaverrückt". Es gibt allerdings Anzeichen dafür, dass das Wachstum in China sich verlangsamt bzw. gezielt gebremst wird, um eine Überhitzung der Wirtschaft zu verhindern. Dies könnte sich negativ auf ein Engagement dieser deutschen Firmen auswirken.

Unternehmen sollten sich also nicht nur allein auf China konzentrieren, um im Falle einer starken Krise nicht allzu stark getroffen zu werden.

Für global agierende Unternehmen ist Risikostreuung unentbehrlich. Man sollte auf verschiedenen Märkten tätig sein und sich somit ein zweites Standbein schaffen. Nur dadurch kann man in der heutigen Zeit Kontinuität erreichen und seine internationale Wettbewerbsfähigkeit sichern.

Russland bietet sich hierbei durchaus als Alternative zu China und anderen aufstrebenden Wirtschaften mit zahlreichen Chancen an, wodurch sich eine breite Risikostreuung erreichen lässt. Somit lassen sich eventuelle Verluste in Grenzen halten.

4.12. Service vor Ort – ein Wettbewerbsvorteil

Der Erfolg eines Engagements wird in Zukunft noch viel stärker davon abhängen, ob und inwieweit Service und Wartung für gelieferte Maschinen und Ausrüstung in Russland verfügbar sind. Aufgrund des Zeitfaktors ist es nicht möglich, Servicedienstleistungen nur von Deutschland aus anzubieten. Bis der russische Kunde ein Ersatzteil erhalten hat, kann in der Regel viel Zeit vergehen und die Produktion des Kunden stillstehen. Deshalb kann man den Service durchaus als Chance sehen. Mittel- bis langfristig wird wohl kaum ein Unternehmen herum kommen, einen funktionierenden Service auch in Russland aufzubauen, um schnell auf die Bedürfnisse der Kunden reagieren zu können.

Für den russischen Kunden wird Service immer wichtiger. Bereits bei der Angebotserstellung informieren sich diese sehr genau, ob Service in Russland verfügbar ist. Nur wenn der Service gewährleistet ist, wird man in Zukunft Erfolge verbuchen können. Kein russischer Kunde wird es mehr akzeptieren, wenn er einige Wochen auf ein Ersatzteil warten muss. Service kann in der Zukunft also zu einem schlagenden Verkaufsargument ausgebaut werden.

Durch das Anbieten von Servicedienstleistungen vor Ort kann ein Unternehmen sich Marktanteile sichern. Die Differenzierung von der Konkurrenz wird Unternehmen auf jeden Fall Wettbewerbsvorteile bescheren. Deshalb darf man den Anschluss nicht verpassen. Man sollte sich eine genaue Strategie überlegen, wie man in Russland auch in Bezug auf Service und Wartung vorgehen möchte.

Viele deutsche Unternehmen haben bereits entdeckt, dass Service einen festen Bestandteil des Engagements in Russland darstellt, und darauf in gebührender Weise darauf reagiert. Damit sichern sie sich das Wohlwollen und Loyalität russischer Kunden, was Folgekäufe für die Zukunft wahrscheinlicher macht.

5. Ausblick

Die vorstehenden Ausführungen haben gezeigt, dass Russland weiterhin ein schwieriges Pflaster für Investitionen und Engagements bleibt. Neben zahlreichen Verbesserungen und Chancen existieren Risiken, die man auf jeden Fall einkalkulieren muss, wenn man an einem langfristigen Erfolg auf dem russischen Markt interessiert ist.

Die Zurückhaltung einiger deutscher Investoren ist wohl nicht zuletzt auf die noch nicht beseitigten Schwierigkeiten zurückzuführen. Die Furcht nach der Finanzkrise von 1998 sitzt vielen deutschen Unternehmen, die damals haben Federn lassen müssen, noch tief in den Knochen.

Das Vorgehen des Kremls gegen russische Unternehmen, die nun riesige Steuernachzahlungen leisten müssen, schafft einen Faktor der Ungewissheit. Einerseits werden Investitionsanreize geschafft, andererseits werden die Rechte von Aktionären grob verletzt, wie zuletzt bei der Versteigerung der YUKOS-Fördertochter Yugansckneftegas geschehen.

Die verstärkte Einmischung des Kremls könnte nach Expertenmeinungen nun das Wachstum des russischen Bruttoinlandsprodukts deutlich bremsen. Die Folgen bleiben auf jeden Fall abzuwarten. Problematisch ist auch die bisher fehlende Reformierung des Bankensektors, die sich auf die Entfaltung einer breiter angelegten Investitionstätigkeit noch hinderlich auswirkt.

Auf der anderen Seite gedeiht die russische Wirtschaft aufgrund hoher Devisenzuflüsse aus dem Verkauf von Öl und Gas weiterhin prächtig, was auch für die Zukunft zu erwarten ist. Die Auslandsschulden werden von Russland vorzeitig getilgt, dies schafft Vertrauen und wird mit einer verstärkten Investitionstätigkeit ausländischer Investoren belohnt. Allein die Tilgung an Deutschland könnte 2005 ca. 6 Mrd. Euro betragen, was alle Erwartungen übertrifft.

Der WTO-Beitritt wird für ausländische Investoren durch den Wegfall von Handelshemmnissen und die Liberalisierung vieler bislang verschlossener Märkte eine positive Wirkung haben. Mit einer zunehmenden Tätigkeit auf dem russischen Markt ist dann zu rechnen. Bereits heute gibt es in Russland hochinteressante Branchen, mit denen deutsche Unternehmen schon bereits zum gegenwärtigen Zeitpunkt gute Geschäfte machen. Dies betrifft zum einen die Lebensmittelindustrie bzw. auch die IT-Branche, die hohe Wachstumsraten zu verzeichnen haben.

Es ist auf jeden Fall der riesige Modernisierungsbedarf vieler Bereiche der russischen Wirtschaft zu nennen. Gerade hier bieten sich große Chancen für deutsche Unternehmen, die sowieso recht hoch in der russischen Gunst stehen. So hat Siemens soeben den Zuschlag der Russischen Bahn erhalten, einen Hochgeschwindigkeitszug für Russland zu bauen. Der Wert dieses Auftrags beträgt über 1,5 Mrd. Euro. Mit Folgeaufträgen ist zu rechnen.
Auch in der Automobilbranche herrscht mittlerweile eine Art Aufbruchstimmung. Große Automobilkonzerne wie Daimler Chrysler oder Volkswagen stehen nun vor dem großen Sprung nach Russland, wo die Nachfrage nach deutschen Autos stetig wächst und die heimische Industrie in punkto Qualität und Preis nicht gerade optimal aufgestellt ist. Die einheimischen Produzenten werden in der Zukunft auch die Nachfrage in Russland nicht mehr decken können. Dies kommt für die stark exportorientierte deutsche Automobilindustrie wie gerufen.

Alles in allem bieten sich große Chancen auf dem russischen Markt.
Vor allem vor dem Hintergrund der immer stärker werdenden Wirtschaftsverflechtungen in der Welt darf man den russischen Markt in Zukunft nicht mehr vernachlässigen. Mit einem effektiven Risikomanagement und einer klar umrissenen Strategie lassen sich allerdings einige der Risiken bereits im Vorfeld auszuschließen, so dass die Wahrscheinlichkeit steigt, dass deutsche Unternehmen in den Genuss dieser Chancen kommen werden.
Viele Unternehmen wissen bereits um die Vorzüge eines Engagements auf dem russischen Markt. Ihre Zahl wird in der Zukunft sicher noch steigen.
Deutsche Unternehmen sollten auf jeden Fall alle Chancen und Risiken sorgfältig recherchieren und analysieren und erst danach Schritte in Richtung Markteintritt einleiten. Nur somit lässt sich der Erfolg in Russland besiegeln. Die Zeit, um Russland in Angriff zu nehmen, scheint reif zu sein. Arroganz und Stereotype haben im Geschäftsleben nichts verloren.
Wenn man all diese Ratschläge beherzigt und den russischen Geschäftspartnern offen und ehrlich entgegentritt und nicht voreingenommen ist, kann

ein Engagement auf dem russischen Markt zum langfristigen Erfolg und zum Ausbau der eigenen Marktposition beitragen.

6. Zusammenfassung

Die vorliegende Studie hat den russischen Markt detailliert untersucht und die Ergebnisse von Kapitel 2 mit der ausführlichen Darstellung der gegenwärtigen Lage in Russland und der wichtigsten Reformen in die Risiko- und Chancenanalyse eingearbeitet.

In Kapitel 2 wurden zunächst die makroökonomischen Rahmenbedingungen betrachtet. Besonderes Augenmerk wurde dabei auf die gegenwärtige Wirtschaftslage in der Russischen Föderation gelegt. Dabei wurde auch die Entwicklung der letzten Jahre berücksichtigt, um das Bild, welches sich dem Betrachter heute bietet, zu vervollständigen und somit die Erkennung der wichtigsten Tendenzen zu ermöglichen. Es wurde ebenfalls auf die Wettbewerbsfähigkeit der russischen Wirtschaft eingegangen. Die Darstellungen haben gezeigt, dass sich die russische Wirtschaft zum gegenwärtigen Zeitpunkt in einer außerordentlichen Wachstumsphase befindet, zweifelsohne auch aufgrund der hohen Weltmarktpreise für Rohstoffe und Energieträger, welche die wichtigsten Exportgüter Russlands darstellen.
Die gelieferten aktuellen Daten machen deutlich, dass Russland gegenwärtig einen äußerst interessanten Absatzmarkt darstellt und dies unbedingt in den Überlegungen ausländischer Firmen Berücksichtigung finden sollte. Gleichzeitig wurden einige negative Aspekte wie die bisher insgesamt noch niedrigen Investitionen in die Russische Föderation genannt. Auch die enorme Kapitalflucht in diesem Jahr wurde erwähnt. Wie bereits in der Einleitung zu lesen war, stellt sich Russland immer noch als sehr widersprüchlicher Markt dar, was insgesamt zur Verunsicherung von Investoren führt. Aus den Ausführungen ging die Widersprüchlichkeit deutlich hervor, denn einerseits versucht die russische Politik Anreize für mehr Investitionen zu schaffen, andererseits wird das Erreichte oft durch ein viel zu hartes Vorgehen gegen „unliebsame Gegner“ und Unternehmen, an denen auch westliche Anleger beteiligt sind, bzw. durch zu viel unnötigen Wirbel zunichte gemacht.

Da die vorliegende Studie insbesondere deutsche Unternehmen in Russland ins Auge fasst und sich mit deren Engagement beschäftigt, wurde ein spezieller Abschnitt den deutsch-russischen Wirtschaftsbeziehungen gewidmet.

In Bezug auf den deutsch-russischen Handel lässt sich eine konstante Steigerung beobachten, was den Schluss nahe legt, dass beide Länder um die Bedeutung des Handelspartners Deutschland bzw. Russland wissen und ihre Strategien auf den Ausbau dieser Wirtschaftsverflechtung ausrichten.

Abschnitt 2.3 befasst sich ausführlich mit der Durchführung von Reformen in der Russischen Föderation und führt die Ausführungen aus Abschnitt 2.1 und 2.2 fort. Abschnitt 2.3 bietet eine Begründung für die insgesamt doch sehr erfreuliche Ausgangslage der russischen Wirtschaft. Die Verbesserung der makroökonomischen Kennziffern ist u.a. auf die breit angelegten Reformen zurückzuführen.
Es wurden alle Reformen behandelt, die wichtige Konsequenzen auf ein Engagement deutscher Unternehmen auf dem russischen Markt haben. Im genannten Abschnitt wurden die Neuerungen in der russischen Gesetzgebung berücksichtigt und gleichzeitig ihre Bedeutung für deutsche Unternehmen dargestellt, indem Veränderungen, die in den betreffenden Gesetzbüchern im Zeitablauf ihren Niederschlag gefunden haben, ausführlich dargelegt wurden und somit Rückschlüsse für ein weiteres Vorgehen ermöglichen.
Die genannten Reformen wurden z.T. sehr ausführlich behandelt. Dies geschah aus dem Grund, da die Reformen in der Russischen Föderation die Grundlage für jedes Engagement darstellen. Ohne die Kenntnis der betreffenden Reformen kann kein deutsches Unternehmen langfristig Erfolg in Russland haben.
An den jeweiligen Stellen bei den einzelnen Reformen wurden ebenfalls Unzulänglichkeiten aufgeführt, die es zu bedenken gilt. So wurden beispielsweise bei der Reform „Der neue Zollkodex der Russischen Föderation" (Abschnitt 2.3.7) die Konfliktpunkte genannt, die einem WTO-Beitritt zum gegenwärtigen Zeitpunkt entgegenstehen. Auch in Bezug auf den Bankensektor wurden immanente Risiken und Problemfelder genannt, die es gibt und deren Beseitigung einige Jahre erfordern wird.

Kapitel 3 befasst sich mit den zahlreichen Risiken in der Russischen Föderation, die es trotz zahlreicher Reformen immer noch gibt. Wo immer es möglich war, wurden Empfehlungen ausgesprochen wie sich die existierenden

Risiken ausschließen bzw. minimieren lassen. Die Kenntnis der aufgeführten Risiken ist enorm hilfreich.
Kapitel 3 zeigt in aller Deutlichkeit, dass es trotz der enormen Reformaktivitäten viele ungeklärte Bereiche gibt, die Investitionen seitens deutscher Firmen nicht fördern.

Im Gegensatz zu anderen Beiträgen, die sich lediglich mit Risiken wirtschaftlicher, rechtlicher Art befassen, spricht die vorliegende Studie auch solche Bereiche an, die sich der Einflussnahme durch die Unternehmen selbst entzieht. Es handelt sich hierbei um Risiken, die beim Transit durch andere Länder entstehen können. Weitere Risiken hängen mit der gegenwärtigen Stärke des Euro zusammen. Die Risikobetrachtung nimmt insgesamt sehr viel Raum ein, sie ist aber von großer Bedeutung, wenn man eine Bruchlandung in Russland verhindern will.

Kapitel 4 liefert eine Chancenbetrachtung des russischen Marktes. Durch die Öffnung des russischen Marktes sind die Chancen deutlich gestiegen. Dazu haben insbesondere auch die Reformen beigetragen. Aber auch andere für die Zukunft zu erwartende Ereignisse, wie der WTO-Beitritt Russlands, werden den Weg für eine verstärkte Bearbeitung des russischen Marktes ebnen. Die vorliegende Studie spricht vor allem diejenigen Aspekte an, die für die Zukunft besonders relevant werden können. Ein Beispiel ist der Ausbau von Servicedienstleistungen vor Ort.

Durch die Ausführungen in dieser Studie gewinnt der Leser nützliche Informationen über den russischen Markt, die er bei Bedarf weiter ausbauen kann, indem er branchenspezifische Analysen und Marktbeobachtungen in Auftrag gibt. Festzuhalten bleibt, dass die vorliegende Studie zahlreiche und nützliche Details über den russischen Markt vermittelt und somit als eine Art Leitfaden bei der Erarbeitung einer auf Russland bezogenen Strategie dienen kann.

Deutschsprachige Monographien:

Altmann, Jörn, Außenwirtschaft für Unternehmen, 2. Auflage, Stuttgart 2001

Denz, Walter / Eckstein, Karl, Business mit Russland, Ein Ratgeber für Einsteiger,Bern et al., 2001

Detzer, Klaus, Fach Wirtschaftsrecht II im Rahmen des Studiums „MBA – Internationales Marketing an der ESB Reutlingen, Skripte „Recht 6: Internationale Lieferverträge“, „Recht 8: Verträge mit ausländischen Vertriebspartnern“, Sommersemester 2003 und Wintersemester 2003 / 2004.

Duwendag, Dieter (Hrsg.), Reformen in Russland und die deutsch-russischen Wirtschaftsbeziehungen, in: Schriften zur monetären Ökonomie, Band 46, 1. Auflage, Baden-Baden 2002

Falk, Thomas, Deutsche Firmen in Russland, Anreize und Hindernisse für unternehmerische Aktivitäten, Marburg 2001

Fanger, Hendrik, Direktinvestitionen in Russland: Wirtschaftliche und steuerrechtliche Rahmenbedingungen – ein Entscheidungsmodell zur Steuerplanung, Bielefeld 2002

Furchtmann Jakob / Höhmann, Hans-Hermann / Pleines Heiko (Hrsg.), Das russische Steuersystem im Übergang: Rahmenbedingungen, institutionelle Veränderungen, kulturelle Bestimmungsfaktoren, im Auftrag von: Forschungsstelle Osteuropa an der Universität Bremen, Band 12, Bremen: Edition Temmen 2002

Lichter, Waldemar, Exportieren nach Russland, Bundesagentur für Außenwirtschaft (bfai) (Hrsg.), Köln 2003

Lüke Gabriele, Weber, Gustav, Verband der Deutschen Wirtschaft in der Russischen Föderation (Hrsg.),
So kommen Sie nach Russland – Der Wegweiser für den Mittelstand, 1. Auflage, München 2003

Sarodnick, Simone, Business-Guide Russland: Spielregeln – Fallstricke – Chancen,
Hatto Brenner (Hrsg.), Deutscher Wirtschaftsdienst 2003

Wegweiser GmbH Berlin (Hrsg.), in Zusammenarbeit mit dem Bundesverband der Deutschen Industrie e.V. (BDI) und dem Ost-Ausschuss der Deutschen Wirtschaft, Wirtschaftspartner Russland 2003, Investitionen und Außenhandel, 4. Auflage Berlin 2002

Russischsprachige Monographien:

Fisher, Paul, Attracting Foreign Direct Investment into Russia: 5 steps towards success, A practical guide, Moskau 2004
(Russischer Originaltitel: Привлечение прямых иностранных инвестиций в Россию: 5 шагов к успеху, практическое руководство, Москва 2004)

Deutschsprachige Veröffentlichungen:

Bundeszentrale für politische Bildung, Informationen zur politischen Bildung, Russland, Nr. 281, 2003

Englischsprachige Zeitschriften:

Survey: Russia – Having it both ways, in „Economist", May 22nd – 28th 2004

Deutschsprachige Zeitungen:

Das russische Labyrinth, in: Frankfurter Allgemeine Zeitung vom 09.10.2004
Wirtschaftswunderland mit Risiken, in: Handelsblatt vom 27.10.2004 (Vorderseite)
Man kann vor Gericht Recht bekommen, ebd. (Seite C 2)
Von der hohen Kunst sich nicht entmutigen zu lassen, ebd. (Seite C 2)
Mittelständler im Vorteil, ebd. (Seite C 3)
Als Bank ein Zwerg – ein Riese bei der Mittelstandsfinanzierung, ebd. (Seite C 4)
Russen misstrauen den Banken, ebd. (Seite C 4)
Steigende Kaufkraft lockt den Einzelhandel, ebd. (Seite C 4)
Autozulieferer stehen in den Startlöchern, ebd. (Seite C 5)
Handelskonzerne expandieren kräftig, ebd. (Seite C 5)
Wintershall sichert sich Gaslieferungen aus Russland, in: Handelsblatt vom 28.10.2004
Daimler steht vor dem großen Sprung nach Russland, in: Handelsblatt vom 01.11.2004
Russische Großbank sucht Parnter, in: Handelsblatt vom 01.11.2004
Streit im Kreml über den Reformkurs. in Handelsblatt vom 03.11.2004
Ausländische Autohersteller fahren der russischen Industrie davon, in: Handelsblatt vom 09.11.2004
Bürokratie-Reform in Russland wird teuer, in: Handelsblatt vom 10.11.2004
Deutsche Telekom verlässt den russischen Mobilfunkmarkt, in: Handelsblatt vom 10.11.2004
IT-Boom im ehemaligen Zarenreich, in: Handelsblatt vom 10.11.2004
Skepsis an der russischen Börse wächst, in: Handelsblatt vom 15.11.2004

Russischsprachige Zeitungen:

„Die 10 reichsten und 10 ärmsten Russen", in: Argumenty i fakty, Nr. 48, Dezember 2004, (Seite 22-24)

Russischsprachige Gesetzestexte:

Vollständige Gesetzestextsammlung für die Russische Föderation,
(Titel im Original: Полный сборник кодексов Российской Федерации)
Moskau 2003

Internet-Quellen:

Deutsch- und englischsprachige Quellen:

A.T. Kearney
FDI Confidence Index – Die attraktivsten Ziele für Direktinvestitionen,
Stand: 12.10.2004
http://www.atkearney.com/main.taf?p=1,5,1,151
Letzter Zugriff: 02.01.2005

AuslandsGeschäftsAbsicherung der Bundesrepublik Deutschland (AGA)
Exportkreditgarantien der Bundesrepublik Deutschland
Presseinformation vom 25.10.2004
„Exporte nach Mittel- und Osteuropa. Risikoabsicherung und Finanzierung durch Hermesdeckungen
http://www.agaportal.de/pages/aga/service-center/pressecenter/archiv/2004-10-21_frankfurt.html
Letzter Zugriff: 25.12.04

Bank of Finland Institute for Economies in Transition (bofit)
Bofit Russia Review
http://www.bof.fi/bofit/fin/4ruec/pdf04/ruec0904.pdf 17.09.04
http://www.bof.fi/bofit/fin/4ruec/pdf04/ruec1004.pdf 15.10.04
http://www.bof.fi/bofit/fin/4ruec/pdf04/ruec1104.pdf 19.11.04
http://www.bof.fi/bofit/fin/4ruec/pdf04/ruec1204.pdf 22.12.04
Letzter Zugriff: 25.12.04

British Embassy in the Russian Federation
http://www.britishembassy.gov.uk/servlet/Front?pagename=OpenMarket/Xcelerate/ShowPage&c=Page&cid=1091892276240
Monatsberichte Russland
http://www.fco.gov.uk/Files/kfile/Econ_Sep2004.pdf
http://www.fco.gov.uk/Files/kfile/Econ_Oct2004.pdf
http://www.fco.gov.uk/Files/kfile/Econ_Nov2004.pdf
Letzter Zugriff: 25.12.04

Delegation der Deutschen Wirtschaft in der Russischen Föderation
Merkblatt: Rahmenbedingungen für ausländische Investoren, Stand: Januar 2004
http://www.dihk.ru/Files/2004/08/20/1092997690312_RusInvNEU.pdf
Letzter Zugriff: 25.12.04

Merkblatt: Das Steuersystem der Russischen Föderation, Stand: Januar 2004
http://www.dihk.ru/Files/2004/08/20/1092997712234_StRusNEU.pdf
Letzter Zugriff: 25.12.04

Merkblatt: Eigentumsvorbehalt in der Russischen Föderation, Stand: August 2004
http://www.dihk.ru/Files/2004/08/20/1092997628078_EGVRusNEU.pdf
Letzter Zugriff: 25.12.04

Deutsche Bundesbank
Zahlungsbilanz nach Regionen
http://www.bundesbank.de/stat/download/stat_sonder/statso11.pdf 07/2004
Letzter Zugriff: 25.12.04

Kapitalverkehr mit dem Ausland – Insgesamt, Stand: 10.12.2004
http://www.bundesbank.de/stat/download/aussenwirtschaft/S201ATB33839.PDF
Letzter Zugriff: 25.12.04

Kapitalverkehr mit dem Ausland – Direktinvestitionen, Stand 10.12.04
http://www.bundesbank.de/stat/download/aussenwirtschaft/S201ATB34849.PDF
Letzter Zugriff: 25.12.04

Warenhandel mit dem Ausland – Spezialhandel nach Ländergruppen und Ländern
Stand: 10.12.2004
http://www.bundesbank.de/stat/download/aussenwirtschaft/S31DATB31819.PDF
Letzter Zugriff: 25.12.04

Dresdner Bank AG
Investitionen in Russland
http://www.dresdner-bank.de/meta/kontakt/01_economic_research/14_investitionsfuehrer/15_ldk_rus_pol_h_2004.pdf
September 2004
Letzter Zugriff: 25.12.04

Euler Hermes Kreditversicherungs-AG
Pressemitteilung vom 13.07.04: „Euler Hermes jetzt auch in Russland Anbieter für private Kreditversicherugnen“
http://www.eulerhermes.de/imperia/md/content/ger/dt/press_040713_ger.pdf
Letzter Zugriff: 25.12.04

Ernst & Young

Studie: Investieren in Mittel- und Osteuropa, Investitionsprojekte deutscher Unternehmen – Erfahrungen, Trends und Herausforderungen, 2003
http://www.ey.com/global/download.nsf/Germany/Studie_Osteuropa_2003/$file/Osteuropa_09_2003.pdf
Letzter Zugriff: 25.12.04

IKB Deutsche Industriebank AG

Länderbericht Russland, Mai 2004
http://www.ikb.de/content/de/branchen_und_maerkte/laenderberichte_468/Russland_Mai_20041760.pdf
Letzter Zugriff: 25.12.04

International Monetary Fund

Russian Federation: Report on the Observance of Standards and Codes--Fiscal Transparency Module, Series: Country Report No. 04/288, September 03, 2004
http://www.imf.org/external/pubs/ft/scr/2004/cr04288.pdf
Letzter Zugriff: 25.12.04

Organization for Economic Cooperation and Development (OECD)

OECD economic survey of the RF: The sources of Russian economic growth
http://www.oecd.org/dataoecd/56/0/32389025.pdf July 7th 2004
Letzter Zugriff: 25.12.04

OECD observer – policy brief
http://www.oecd.org/dataoecd/42/54/32495048.pdf July 7th 2004
Letzter Zugriff: 25.12.04

Economic Survey - Russian Federation 2004: Sustaining growth
http://www.oecd.org/document/39/0,2340,en_2649_201185_32411815_1_1_1_1,00.html
Letzter Zugriff: 25.12.04

Economic Survey - Russian Federation 2004: Banking reform
http://www.oecd.org/document/8/0,2340,en_2649_201185_32473928_1_1_1_1,00.html
Letzter Zugriff: 25.12.04

Statistisches Bundesamt
Rangfolge der Handelspartner im Aussenhandel - 2003
http://www.destatis.de/download/d/aussh/rang2_03.pdf
Letzter Zugriff: 25.12.04

Transparency International, Dezember 2004
Corruptions Perception Index 2004 (CPI)
http://www.transparency.org/cpi/2004/dnld/media_pack_german.pdf
Letzter Zugriff: 25.12.04

Verband der Deutschen Wirtschaft in der Russischen Föderation
Russland: Stabilitätsgewinn durch Reformen - die Chancen sind greifbar geworden Deutsche Fassung des Jahresberichtes des Verbandes der Deutschen Wirtschaft in der Russischen Föderation für das Jahr 2003.
http://www.vdw.ru/dbw/public_vdw/Deliverables/File/26589EBEAAEE9DBCC3256E35004D3D0B/JB2003_de.pdf?name=JB2003_de.pdf
Letzter Zugriff: 25.12.04

Russischsprachige Quellen:

Finansy.ru
Ausländische Investitionen in die Russische Wirtschaft im ersten Halbjahr 2004,
23. August 2004
http://www.finansy.ru/publ/bp/006.htm
Letzter Zugriff: 25.12.04

Gold- und Währungsreserven: Rekorde durch Ausweglosigkeit, 21.10.2004
http://www.finansy.ru/publ/bp/007.htm
Letzter Zugriff: 02.01.2005

Die Bewertung der russischen Zahlungsbilanz für die ersten 9 Monate 2004, Stand: 11.10.2004
http://www.finansy.ru/publ/bp/008.htm
Letzter Zugriff: 02.01.2005

Ministerium für wirtschaftliche Entwicklung und Handel der RF
Prognose der sozialökonomischen Entwicklung der Russischen Föderation für das Jahr 2005 und die wichtigsten Parameter der Prognose bis zum Jahr 2007
http://www.economy.gov.ru/MertRuntimeWeb/CommandsServlet?elementId=1092652087234&categoryId=82&action=ChangeView&mode=monitoringdetail&
vom 16.08.2004
Letzter Zugriff: 25.12.04

Monitoring für den Zeitraum von Januar bis September 2004
„Die gegenwärtige Lage der Wirtschaft der RF von Januar bis September 2004 und eine Einschätzung bis zum Jahresende
http://www.economy.gov.ru/MertRuntimeWeb/CommandsServlet?elementId=1098781637234&categoryId=82&action=ChangeView&mode=monitoringdetail&
vom 26.10.2004
Letzter Zugriff: 25.12.04

Organization for Economic Cooperation and Development (OECD)
Economic Survey - Russian Federation 2004: Sustaining growth: In russischer Sprache (Экономический обзор -- Российская Федерация), 313 Seiten
http://www.oecd.org/dataoecd/32/37/32517767.pdf
Letzter Zugriff: 25.12.04

Staatliches Statistikamt der RF
Der Zustand des Außenhandels im Zeitraum Januar – Oktober 2004
http://www.gks.ru/scripts/free/1c.exe?XXXX03F.1.1.1.1/040540R
Letzter Zugriff: 25.12.04

Zentralbank der Russischen Föderation
Auslandsschulden der Russischen Föderation
http://www.cbr.ru/statistics/credit_statistics/print.asp?file=debt.htm
Letzter Zugriff: 25.12.04

Zahlungsbilanz Januar – Juni 2004
http://www.cbr.ru/statistics/credit_statistics/print.asp?file=bal_of_payments_04.htm
Letzter Zugriff: 25.12.04

Weitere nützliche russischsprachige Internetquellen:

Nützliche Nachrichten und Informationen rund um Russland:

Finanzministerium der Russischen Föderation
http://www.minfin.ru

Hauptzollamt der Russischen Föderation
http://www.customs.ru

Wirtschaftsnachrichten „Wedomosti"
http://www.vedomosti.ru

Wirtschaftsnachrichten „Kommersant"
http://www.kommersant.ru

Telefonische Auskunft und Email:

Telefongespräch vom 17.12.2004 mit einer Bekannten, die bei einer Moskauer Wirtschaftsprüfungsgesellschaft als Wirtschaftsprüferin tätig ist. Gesprochen wurde über künftige Reformvorhaben, über die Änderung gewisser Steuersätze, Probleme der Mehrwertsteuer, über staatliche Eingriffe ins wirtschaftliche Geschehen usw.

Email vom 03.01.2005 von I.G., die bei einer Moskauer Wirtschaftsprüfungsgesellschaft tätig ist. Darin ging es um die unklare bzw. widersprüchliche Gesetzeslage in der RF und ihre Auswirkung auf ausländische Investitionen.

IEWS-Schriftenreihe, fortgesetzt ab Band 25 als „Schriftenreihe des ESB Research Institute“

1. *Tanja Henne*
   Derivative Finanzinstrumente und ihre Bilanzierung nach HGB, US-GAAP und IAS
   ISBN 3-8265-7830-9, Shaker-Verlag, Aachen

2. *Senol Agac*
   TV-Banking - Implications of a new delivery channel for financial services companies in Germany
   ISBN 3-8265-7831-7, Shaker-Verlag, Aachen

3. *Julia Pracht*
   Strategic Financing of Small- and Medium-Sized Enterprises in the German IT Sector
   ISBN 3-8265-7832-5, Shaker-Verlag, Aachen

5. *Andreas Resch*
   Valuation of Internet Companies - Difficult or Impossible?
   ISBN 3-8265-7834-1, Shaker-Verlag, Aachen

6. *Lars Herold*
   Public vs. Private Companies in Germany
   Quantifying, Understanding, and Closing the Performance Gap
   ISBN 3-8265-7835-X, Shaker-Verlag, Aachen

7. *Alexander Zimmer*
   Unternehmenskultur und Cultural Due Diligence bei Mergers & Acquisitions
   ISBN 3-8265-9118-6, Shaker-Verlag, Aachen

8. *Claudia Schulze, Verena Pfeiffer, Torsten Witzke*
   Aktives Kreditrisikomanagement: Portfoliomodelle & innovative Produkte
   ISBN 3-8265-9117-8, Shaker-Verlag, Aachen

9. *Pilar Zumft Cortines*
   Welthandel und Umweltschutz:
   Das Spannungsfeld von Welthandelsorganisation und Nichtregierungsorganisationen
   ISBN 3-8265-9163-1, Shaker-Verlag, Aachen

10. *Jonathan Labin*
    Erfolgsfaktoren elektronischer B2B-Marktplätze im Finanzdienstleistungssektor
    ISBN 3-8265-9164-X, Shaker-Verlag, Aachen

11. *Carolin Oelschlegel*
    Beweggründe für und Umsetzung von Going Private Transaktionen
    ISBN 3-8265-9165-8, Shaker-Verlag, Aachen

12. *Karen Temple*
    Discrimination against Women on the Labour Market in Germany Today
    ISBN 3-8265-9166-6, Shaker-Verlag, Aachen

13. *Michael Lambauer*
    Effective Business Leadership: Past, Present and Future
    ISBN 3-8265-9167-4, Shaker-Verlag, Aachen

14. *Anne Klausmann*
    Le marketing one-to-one come outil de fidélisation dans le secteur bancaire
    ISBN 3-8265-9168-2, Shaker-Verlag, Aachen

15. *Lars Herold*
    Building a Market Economy in North Korea and Vietnam
    Key Lessons from the Chinese, Russian, and German Experiences
    ISBN 3-8322-0643-4; Shaker-Verlag, Aachen

16. *Valeria Lange*
    Verliert die Luxusgüterbranche an Exklusivität?
    ISBN 3-8322-0763-5, Shaker-Verlag, Aachen

17. *Anne-Katrin Müller*
    Wahrgenommene Dienstleistungsqualität: Konzeption eines dynamischen Phasen-Modells
    ISBN 3-8322-0911-5; Shaker-Verlag, Aachen

18. *Thomas Kern*
    Success Factors of American Business Schools in the Beginning of the 21st Century
    ISBN 3-8322-0781-3, Shaker-Verlag, Aachen

19. *Constantin M. Gall*
    Unternehmensbewertung für Bilanzierungszwecke – Die Bilanzierung und Bewertung des Goodwill nach US-GAAP SFAS 141 und 142 im Rahmen von Business Combinations
    ISBN 3-8322-1955-2, Shaker-Verlag, Aachen

20. *Stephanie Kielmann*
    Problematische Zielgruppen und ihre Beachtung durch Markenartikler (Gay- und Ethno-Marketing)
    3-8322-2027-5, Shaker-Verlag, Aachen

21. *Sonia Pereiro Méndez*
"Equity carve out" als Desinvestitionsinstrument zur Steigerung des Unternehmenswertes
ISBN 3-8322-2046-1, Shaker-Verlag, Aachen

22. *Sabine Weissinger*
Realoptionen als Bewertungsansatz für Wachstumsunternehmen
ISBN 3-8322-2121-2, Shaker-Verlag, Aachen

23. *Jörg Adams*
Applicability of Real Option Valuation for High-Risk Investments
ISBN 3-8322-2336-3, Shaker-Verlag, Aachen

24. *Sebastian Schienle*
Die Anwendung der Theorie des Rent-Seeking auf einzelwirtschaftliche Unternehmensformen
ISBN 3-8322-2629-X, Shaker-Verlag, Aachen

European School of Business

Undergraduate Studies: Wir messen uns nur mit den Besten

- Vier Jahre Studium, davon die Hälfte im Ausland
- Abgestimmte Lehr- und Prüfungsinhalte mit Partnerhochschulen
- Praxisnähe des Studiums
- Zwei Praxissemester, davon mindestens eines im Ausland
- Aktive Studentenschaft

Postgraduate Studies: Vertiefungen in Theorie und Praxis

Der MBA für internationale Kompetenz

- Präsenzstudium 3 Semester, Teilzeitstudium max. 3 Jahre
- Traditionsreichster MBA-Studiengang in Deutschland
- FIBAA Akkreditierung
- Modularer Aufbau des Studienganges
- Kleine, internationale und interdisziplinäre Gruppen

MSc: Academic quality at its best

- Drei Semester Studium; Abschluss in Reutlingen oder an einer der Partnerhochschulen
- Gemeinsames Master-Programm mit der Lancaster University
- Wissenschaftliche und praktische Konzepte

Corporate Relations: Wir denken weiter

- Corporate MBA
- Unternehmensberatung
- Sponsoren
- Career Center

www.esb-reutlingen.de

ibidem-Verlag
Melchiorstr. 15
D-70439 Stuttgart

info@ibidem-verlag.de

www.ibidem-verlag.de
www.edition-noema.de
www.autorenbetreuung.de

Zeitfracht Medien GmbH
Ferdinand-Jühlke-Straße 7
99095 Erfurt, Deutschland
produktsicherheit@kolibri360.de